40年稼ぎ続ける投資のプロの

株で勝つ習慣

岡本昌巳

ダイヤモンド社

まえがき

書店をぶらりと歩いていると、「100万円が1億円に化けた」「資産を100倍に」「1億円を稼ぐ方法」など威勢のいい言葉が躍る一角がある。投資のコーナーだ。

そのなかでも、投資の王様は、なんといっても株式投資。株式投資ほど少額資金で多くの儲けを実現できる世界はないと断言できる。

まず、第1の理由。ほかの業界で「100万円が1億円に化けた」「資産を100倍に」「1億円を稼ぐ方法」など威勢のいい言葉が躍るノウハウ本を見たら、「うさんくさい」「まゆつばもの」と思う人が多いはずだ。しかし、株の世界に40年近く生息している私からすると、これらは「事実」である可能性が高い。なぜなら、実際に少ない資金を元手に億単位の金をつかんでいる友人も多く、株式投資だけで10年以上生活している友人も相当数にのぼるからだ。約40年間、株式投資だけで生きてきた友人もいる。

次に、第2の理由。レバレッジを効かせすぎる無理な売買で破たんして（もしくは、金主の資金を飛ばしてしまい）、この世界からリタイアした人でも、ほぼ間違いなくこの世界に戻ってくる。少額資金で多くの儲けを実現できる世界はほかにないと気づいて戻ってくるのだろう。また、いつでも敗者復活戦に参加できるのは、投資の世界以外にない。実際、敗者復活戦で成功をおさめた知り合いも多い。

もちろん、全員が成功するわけではないが、以上の現実を見ても、株式投資の世界のように少額で多くの儲けを実現できる世界はない。

では、儲けるために大変な勉強が必要なのか？　そこまでの道のりは厳しいのか？

いや、そんなことはない。ある習慣を身につければ、最低でも、ある程度の成功はおさめられる。その道を紹介するのが本書の最大の狙いだ。

■どんな時代にも、どんな状況でも通用する「原理原則」がある

世の中に株式投資の本は多いが、何を読んだらいいのか迷うだろう。

ニーズが高いのは、「どの株を買ったら儲かるか」という推奨銘柄読本だが、これは刺し身のような生もので、賞味期限は短い。

株式投資の入門書、チャートや決算書の解説書も多いが、何冊も揃える必要はない。「100万円が1億円に化けた」などの「○○必勝法」という株式投資本も多いが、ほとんどは著者の成功体験をベースにしたもので、それぞれの読者に合った投資法かどうかはわからない。

それよりも、どんな時代にも、どんな状況でも通用・応用できるテクニックや考え方を身につけるほうが重要だ。実は簡単なことなのに、なぜかあまり取り上げられないプロの「習慣」がある。株式投資の世界ではとても大切なことなのに、それらを取り上げた株式投資本はほとんど見当たらない。

そんな本を投資家のために書きたいという気持ちが、この本が世に出る動機となった。

■「相場のプロ」の知恵の集大成が誕生！

私が株の世界に入ったのは、1982年、中途入社で証券専門紙「株式市場新聞」の記者に採用されてからだ。79年に第2次オイルショックが起きたが、当時はまだ日本経済が元気で、先進国でいち早くショックを乗り越えていた頃だ。

当初は「経済部」に所属した。経済部とは、上場企業の情報収集・記事執筆を担当する。

執筆するのは、取材した上場企業に関する業績、新技術、新製品などの記事。

上場企業は数が多いだけに、それぞれの記者が各業種を担当させられた。当初、担当したのは化学。私は学生時代、ガチガチの文系だった。しかし、化学は自動車、エレクトロニクスをはじめ、すべての産業を支える業種であることから、結果的に化学担当になったことで他業種の銘柄に対する眼力を身につけることができた。

86年に「経済部」から「市場部」に異動した。市場部では、証券会社の情報を担当する。執筆するのはマーケット関連記事。相場全体の記事や上げている銘柄、下げている銘柄の解説記事、推奨銘柄記事などだ。

当時は、野村、大和、日興、山一の4大証券時代。私はそのなかで断トツのガリバーの野村證券の担当となった。毎朝、野村に顔を出し、株式担当役員・部長などに取材する。その後は、ほかの証券会社にも顔を出し、午後はできる限り企業取材に出掛けた。

その後、90年代に入りバブル崩壊の時代に突入。

94年には、株式市場新聞の店頭市場（現ジャスダック市場）のキャップ記者として、日本の株式史上初の新興市場の大相場のど真ん中にいた。

2000年に株式情報を主体とする経済ライターとして独立。その後、さまざまな株式関連新聞、雑誌、サイトに記事を配信する事業を展開し、この17年4月から独立18年目に入った。

株式の世界にもプロは多い。

しかし、すべての領域においてトップとして君臨するプロはいない。日本ハムの大谷翔平選手でも二刀流。どこの世界でも「全刀流」はいない。というより、ありえない。それぞれに得意技があるのが通常だ。

私の経歴を書いてきたが、それからおわかりのとおり、私は取材、相場分析、銘柄発掘などではプロ中のプロだと思う。実際、それで株の世界で40年近く、独立して20年近く生きてきた。しかし、株式売買、売り買いの板の読み方など、株式投資で生き抜く知恵や売買の実践編といった領域では、私以上のプロは多い。

幸い、私は40年近く証券マスコミとして生きてきたため、株の世界で多くの人脈がある。株式投資の世界にもいろいろな領域があり、私が負けないと自信がある領域もあれば、ある領域では、私が到底勝てないと尊敬している友人たちもたくさんいる。そうした私の勝てない領域のプロの友人たちに取材し、彼らの知恵をいただいて、この本は誕生した。

名前を出せない人も多いが、プロの投資家、仕手筋、ブローカー、投資顧問、証券マン、ストラテジスト、アナリスト、運用者、私と同じマスコミ、そして企業側では、プロの経営者、広報担当、研究所員など、そうした「プロ」の仲間たちとつくった株式投資本がこの本であり、これまでの取材先や友人たちに感謝したい。

40年近く、株式セミナーなどで多数の個人投資家と触れ合ってきた。彼らからいただく数多くの質問からわかったことは、①儲かる銘柄を教えてほしい、②株価が下げていたらどうしたらいいか（持続か？　売りか？）、③上げていたらどうしたらいいか（持続か？売りか？）の3つに関心があるということ。本書を読んでプロの「習慣」を身につければ、その問いに対して、投資家が自分自身で答えを出せるようになるはずだ。

目次

40年稼ぎ続ける投資のプロの
株で勝つ習慣

第1章 「相場の流れ」をつかむ習慣

第2章

プロが命綱にする「チャート&トレンド」

第3章

儲かる銘柄を発掘する習慣

第4章 「株の情報源」を活用する習慣

第5章

「相場の季節・循環」を味方にする

第6章

プロが実践する「売り買い」の習慣

第7章

株式投資で儲けるルール

第8章 プロが大切にしている「相場に勝つ」習慣

第1章

「相場の流れ」をつかむ習慣

Habit 01

相場のプロは流れに逆らわない

■株式投資の世界の主役は銘柄

株式投資の世界の主役は、私たち人間ではない。あくまでも銘柄である。野球でいえば、ボールだ。ボールがなければ野球は成立しない。私は当たる確率が高く、当たると飛距離が伸びる可能性が高いボール（銘柄）を紹介する仕事を続けてきた。

これまで証券専門紙記者として18年、フリーの経済ライターとして18年目に入るが、その間、**相場の主役である「銘柄」記事**を書き続けてきた。

現在でも、複数のメディアに「注目したい銘柄情報」を配信している。最低でも1日2回配信しており、年換算では約５００回。証券記者時代はもっと多く書いていたが、単純に35年を掛けるだけでも、万単位の量になる。

推奨銘柄の記事を書き続けてきた私だが、常に打率がよかったわけではない。とくに記者時代は「岡本銘柄は当たるとでかいが、三振も多い」と揶揄《やゆ》されたこともあった。

野球でいえば、常にホームラン狙いでブンブン振り回しているバッターというイメージだろう。どの組織も役割分担だから、これでいいと思っていた。ホームラン狙いの選手、アベレージバッター、窮地に陥ったとき（相場に閉塞《へいそく》感があるとき）バントヒットでもいいからとにかく塁に出てチャンスをつかもうとする者、さまざまな記者がいたほうが読者にとっても面白いし、そのときどきの相場に合わせて紙面をつくれる。それがプロ集団だと思っていた。

■この銘柄は「この相場の流れに乗るのか」を常に考える

しかし、２０００年にフリーとして独立してからは、でかいホームランを打っても、三振が多ければ、当然、仕事が減っていくという現実に直面した。読者はホームランでもバントヒットでも何でもいいから、結果を求める。自営となった以上、読者のニーズすべてに応えなければならないことに気づかされた。

記者時代に大きくアベレージを上げられなかった理由を突き詰めて考えた。

出た結論は「相場の流れを重視していなかった」「結果的に相場の流れに逆らうことも

あった」。野球でいえば、試合の流れ、配球、相手投手の考え方や癖などを軽視し、来たボールを全力でぶっ叩けばいいと考える傾向が強かったのだ。「これはすごい」と自分が惚れ込んだ銘柄なら、どんな相場でも評価されるはずだという独りよがりの気持ちもあった。

どんなに収益を伸ばしていく見通しの銘柄でも、相場の物色の流れに乗っていなければ、買われるのは後回しにされる。次項で、過去のIT関連ばかりが買われた相場を紹介するが、「ITにあらずんば株にあらず」という極端な流れの相場がある一方で、どんな暴落相場でも買われる銘柄（＝流れ）はある。

その後、取り上げる銘柄に関しては、**「この相場の流れに乗るのか」「もし乗らないとしたら、どういう相場になれば乗るのか」を常に考えるようになった。**

私の仕事は、当たる確率が高く、当たると大きく飛ぶ可能性が高いボール（銘柄）を選手（個人投資家）に教えるコーチのようなものだが、選手は選手で、そのアドバイスに応えられるだけのスキルを磨かなければならない。この本は、個人投資家にコーチと選手の両方のノウハウ、スキルを磨いてもらうためのもので、その第一歩がこの**相場の流れ**だ。

Habit 02

流れは何かと考える

■物色の流れ＝相場テーマが大事

注目すべき銘柄の基本は、「今後、収益が拡大する確率が高く」「しかも、まだそれほど上がっていない銘柄」だが、それだけでは十分ではない。

確かに、こうした銘柄はいずれ上がる。だが、今ではなく、1年後に上がるのかもしれない。それとも、ここから半値に下げてから、3倍に化けるのかもしれない。どんなコースをたどるのかが読めないのが相場だ。

なら、何が早く効率的に上昇の後押しをしてくれるのか？

それが**相場の流れ**である。帆船を想像していただきたい。順風を受けた帆船は順調な航海に旅立てる。相場での順風こそ流れである。

一言でいえば、流れとは**物色の流れ**だ。今買われている（物色されている）セクターや材料テーマのことで、**相場テーマ**とも呼ばれる。

■ITバブル相場から学ぶ

物事は極端に見たほうがわかりやすいので、過去、極端な流れだった相場を例に挙げる。1990年代後半のアジア通貨危機、金融危機を越えたあとに演じられた99～2000年のITバブル相場だ。

ITは21世紀の産業革命であり、人間社会を劇的に変え、進化させるとの期待感から、ソフトバンク、光通信、ヤフー、NTTドコモ、ソニーなどIT関連が猛烈に買われた。確かに利益を上げているIT関連銘柄を買うのはある程度の理屈は立つが、「現在はまだ赤字だけど、将来性にかけて、インターネット総研を6000万円で買った」（某外資系証券マン）と、IT関連というだけで赤字の会社を1株数千万円で買うのはいかにも盲目的すぎた。

当時、日本のトップ企業のトヨタ自動車の株価も上げてはいたが、数万円どころではなく、1株5000円台までだったことを考えると、いかにも異常な相場だったといえる。

しかし、**理屈に合わないとわかっていても、行きすぎるのが相場**だ。

なお、数千万円まで買われたインターネット総研は、その後、経営破たんし、株券は紙くずとなった。

ＩＴバブルのリード役の1社である光通信の株価は高値24万円台から暴落し、3カ月で8000円台になった。光通信の主力事業は携帯電話の販売。確かにＩＴ関連ではあるが、あとになって冷静に考えれば、携帯電話販売会社をＩＴ革命の本命の1社として買うのはちょっと無理があるのではないかと思うのが普通だろう。しかし、このＩＴバブル相場では**「好業績の非ＩＴ関連」よりも「赤字でもＩＴ関連」なら買った**。それが相場の流れというものだ。

なお、このＩＴバブル相場のように極端な流れの相場の場合、**「山高ければ谷深し」で「熱病」が覚めたら、最終的には極端に売られる**。

しかし、ここまで極端な相場でなくても、**何らかの物色の流れは常にある**。それが相場である。

図表1 光通信の月足チャート

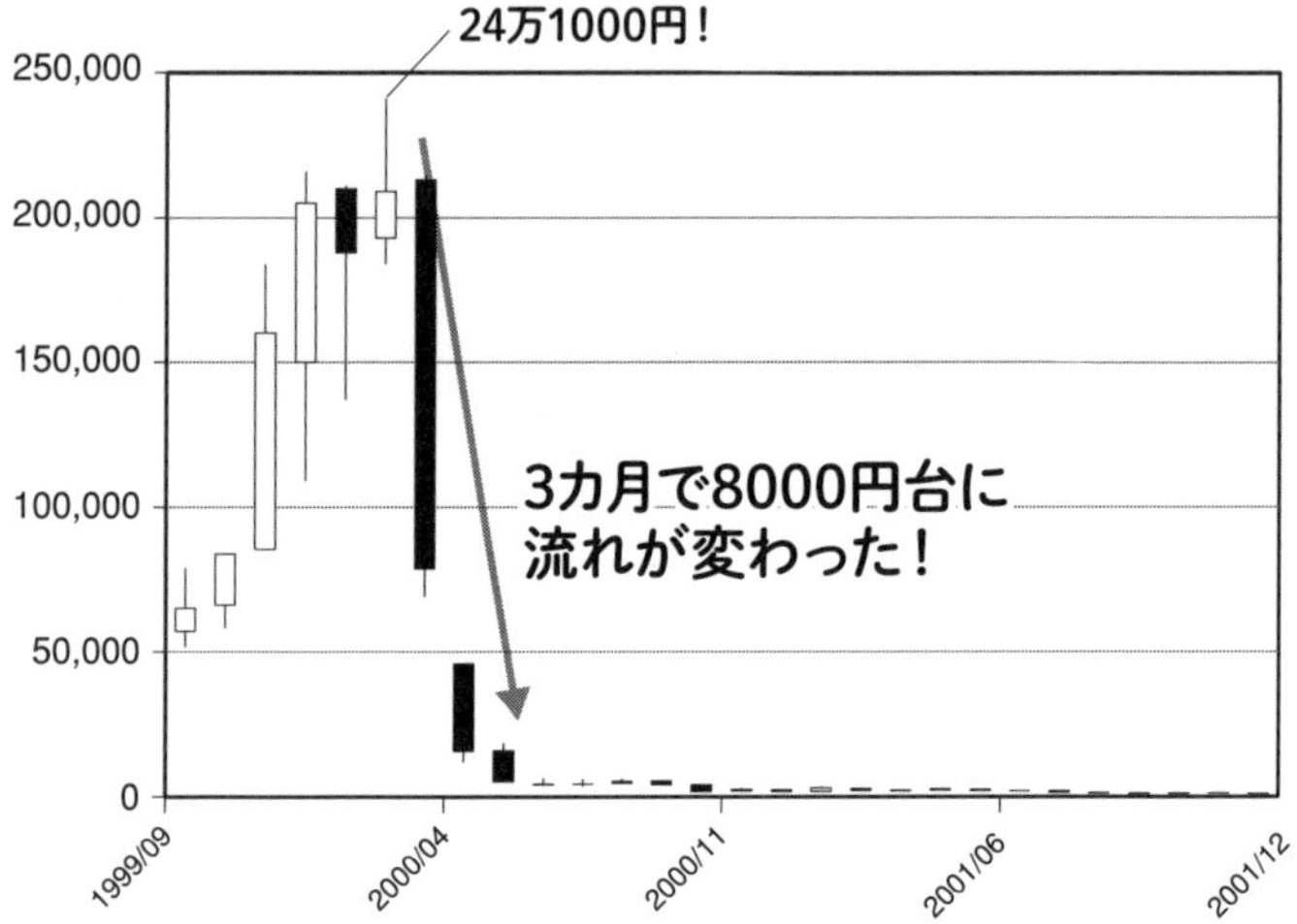

解説

1997年12月に2550円、99年から大相場に発進し、2000年2月には24万1000円の高値をつけた。その後は反落し、20営業日連続ストップ安という記録を立てるなか、3カ月で8000円台まで暴落した。ただ、11年からは穏健で着実な上昇相場に復帰している。

Habit 03

人気銘柄の共通項(キーワード)を探す

■全体が暴落していても、どこかに流れはある

では、全体が暴落しているときにも物色の流れはあるのか？

どんな下げ相場でも、一部の**「銘柄を買う流れ」**はある。ただし、どんな相場でも、流れはあるが、**流れは単発的な人気ではなく、継続しているものである**ことに注意していただきたい。

例えば、直近の暴落相場といえば、2008年のリーマン・ショックによる暴落相場がある。日経平均株価は08年9月12日の終値1万2214円から10月28日には7000円割れまで4割強の暴落を見せた。

ところが、ファーストリテイリング、ニトリなど好業績内需関連株は逆行高した。

全体が大きく下げているとき、こうした好業績内需関連株や医薬品、食品、鉄道、電気・ガスなど**ディフェンシブストック（景気動向の影響が小さい安定銘柄）が買われるケースが多い**ことは頭に入れておいていい。株安→景気悪化の流れにあっても、生活必需品、命に関わるものの需要は大きく減らせないからだ。

また、11年の東日本大震災のときにもショック安があったが、不動テトラ、日成ビルド工業など地盤改良・仮設住宅関連株が逆行高した。震災復興を先取りする流れが出たということだ。

なお、この年は福島での「原子力発電所事故」→「全国的な原発見直し・停止」→「全国的な節電、再生可能エネルギー見直し」という流れから、節電関連、太陽光発電など再生可能エネルギー関連株が買われる流れが強まった。

■ニュースから流れを予測する

ITバブル相場が顕著だったが、株式市場で物色の流れとなりやすいのは、時代の流れといい換えていい。実は、相場は複雑なものではない。シンプルで素直でわかりやすいものだ。こねくり回さなくていい。**誰もが「あー、そうだね」と納得できるものが物色の流**

図表2 リーマン・ショック時のファーストリテイリング

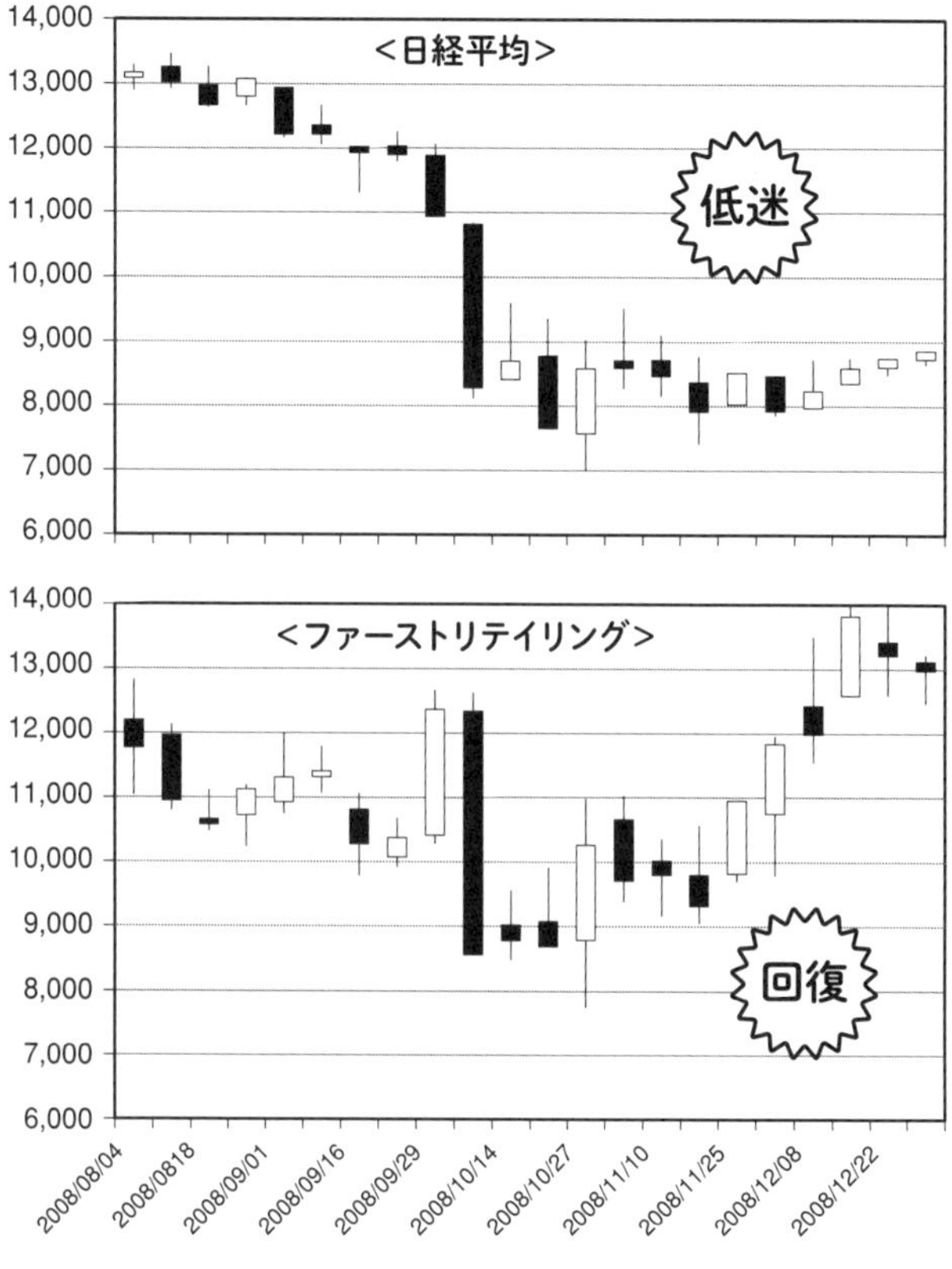

解説

2008年のリーマン・ショックで最初は日経平均と歩調を合わせて下げたものの、いち早く底入れして新たな上昇相場に転じた。

れとなることが多い。

それを探すコツも難しくない。人気化している銘柄、上げている銘柄の**共通項＝キーワードを見つける**ことだ。それも流れをあれこれ広げず、キーワード1語、2語とシンプルにしたほうがわかりやすい。

毎日、どんなジャンルのもの、どんなテーマのものが買われているのか、キーワード探しを続けることだ。それを毎日続けていけば、相場の物色の流れが体感できるようになってくる。

例えば、「朝鮮半島がきな臭い情勢になってきたからだろう、防衛関連が流れとなってきたな」といった具合にわかってくる。

また、ＡＩ（人工知能）関連の個別株が暴騰したら、「ほかのＡＩ関連も買われるのではないか」とＡＩ関連を研究して、流れが本格化する前に準備することもできる。

もちろん、**毎日のニュースから新しい流れを予測する**のも有力な手だ。

例えば、ＯＰＥＣと非ＯＰＥＣが原油の協調減産で合意しそうだとしたら、「資源・商社関連に流れが来る可能性がある」と予測するわけだ。

Habit 04

国策とテクノロジーに売りなしと知る

■これらのキーワードを頭のなかに入れておこう

物色の流れとなりやすいのは、やはり**「国策に売りなし」**と**「夢・ロマン溢れるテクノロジーに売りなし」**だ。

国策に売りなしというのはわかりやすい。**日本で最も強いパワーを持っている相場テーマは、そのままズバリ「国が率先してヒト、モノ、カネを投入する新産業」**だからだ。直近では、内閣府のサイト「科学技術イノベーション官民投資拡大推進費ターゲット領域検討委員会」のなかの「ターゲット領域検討に向けた全体俯瞰図」(http://www8.cao.go.jp/cstp/tyousakai/target/4kai/siryo4-2.pdf)が注目されている。

株式市場は新しい時代を先取りする場だ。当然、次の時代をつくりあげるテクノロジー

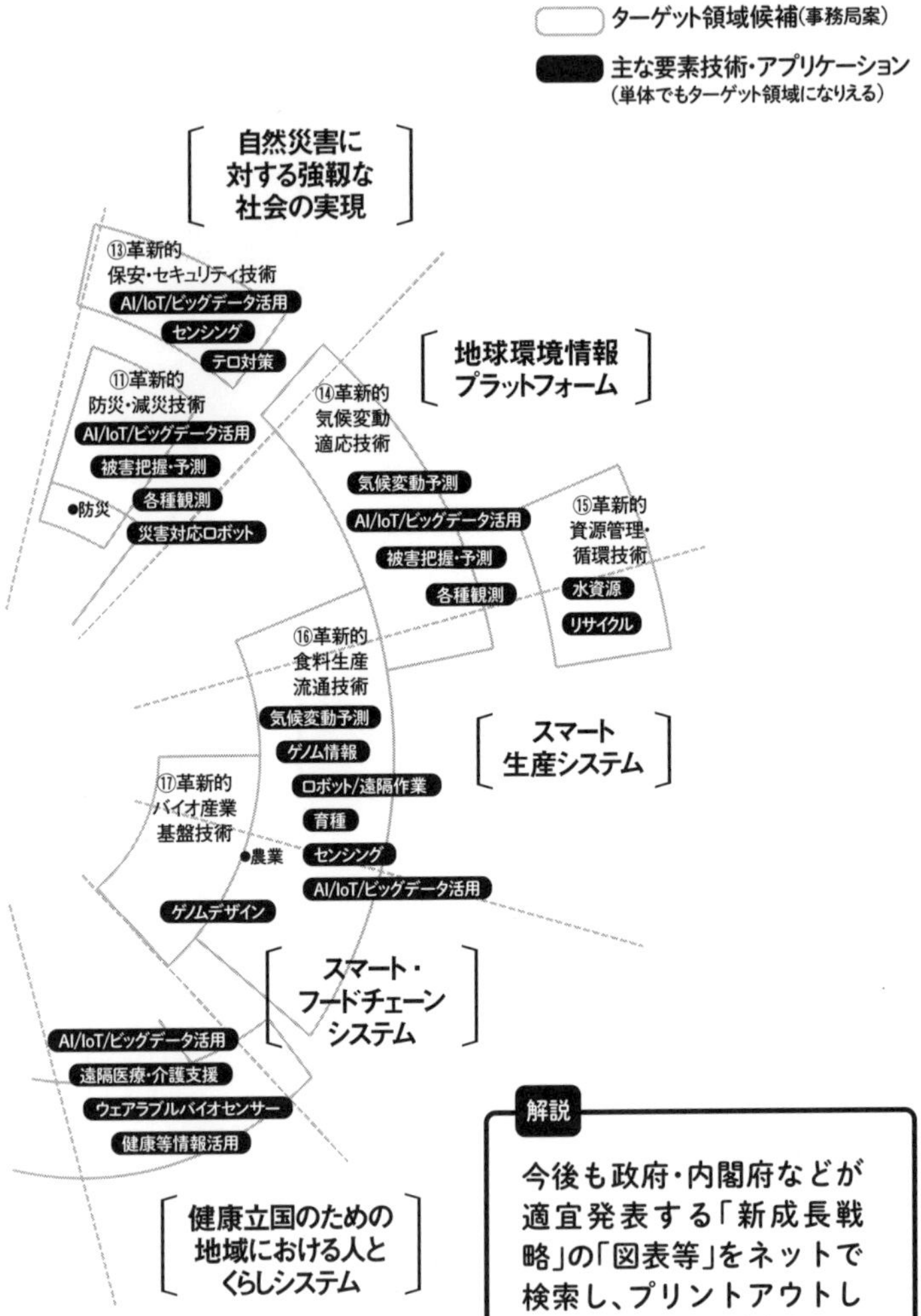

解説

今後も政府・内閣府などが適宜発表する「新成長戦略」の「図表等」をネットで検索し、プリントアウトして熟読していただきたい。

図表3 これからの相場のテーマ
（ターゲット領域検討に向けた全体俯瞰図）

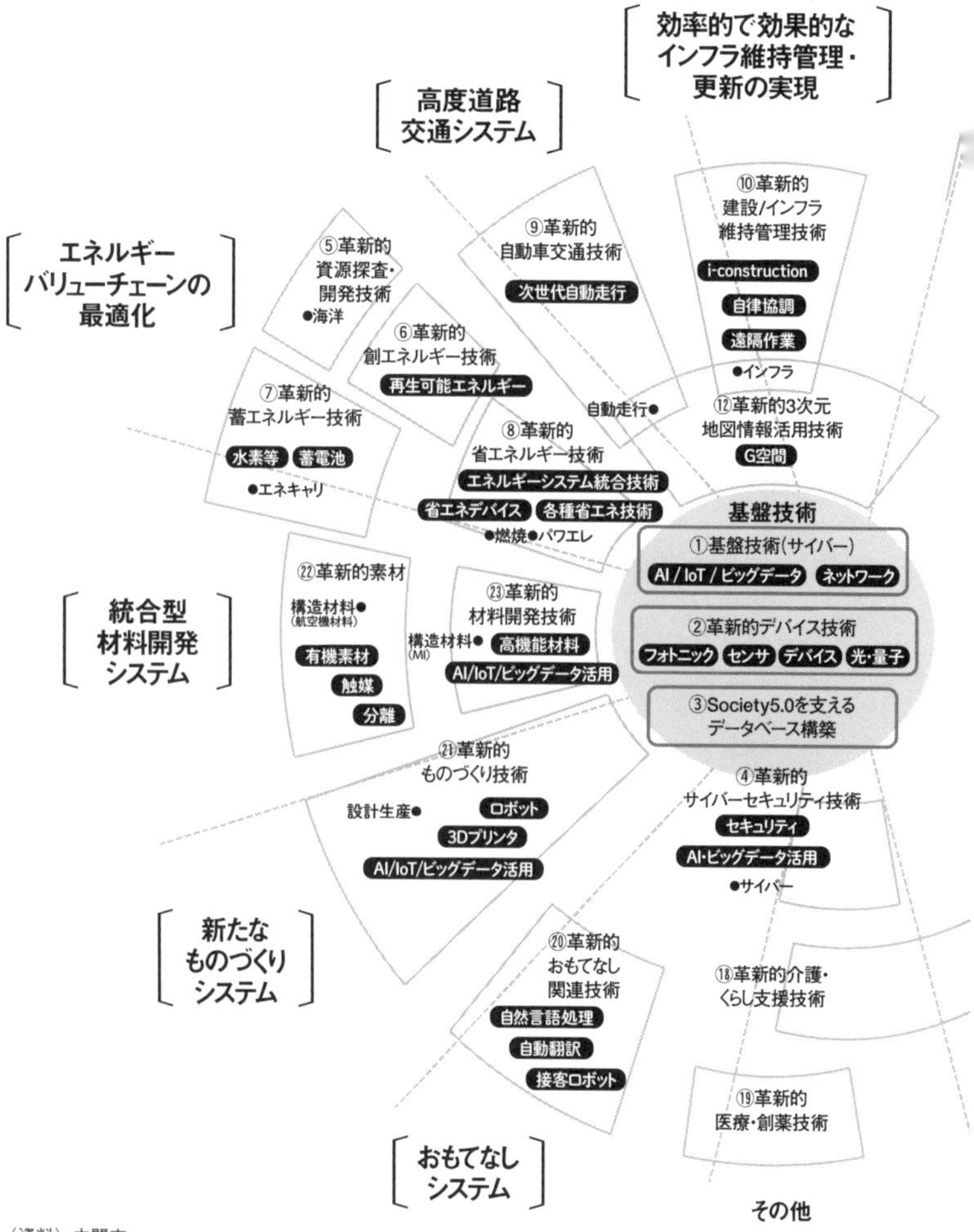

（資料）内閣府

関連に「投票したい（買いたい）」と手を挙げる投資家は多く、物色の流れになりやすい。**夢・ロマンが大きければ大きいほど、人気に火がついたときは、より大きく燃え上がる。**

そのときの相場のテーマを確定するために、「3　人気銘柄の共通項（キーワード）を探す」でキーワードの重要性について解説した。以下はそのキーワードとなりえるものだ。羅列すると退屈なものに感じるかもしれないが、最低限、頭のなかに入れておいていただきたい。**毎日の相場で、これらのキーワードに引っ掛かる銘柄がどれだけ人気化しているかを見るだけで、相当、流れをつかむ力がついてくる**はずだ。

物色の流れとなりえるキーワードは、ＩｏＴ、ＡＩ、ディープラーニング、ビッグデータ、フィンテック、ビットコイン・ブロックチェーン、サイバーセキュリティ、ＡＲ（拡張現実）、ＶＲ（仮想現実）、次世代ゲーム、越境ＥＣ、５Ｇ（第5世代移動通信システム）、ロボット、ドローン、自動走行、ミラーレス、燃料電池、インバウンド、民泊、スマートロック、カジノ、東京オリンピック・パラリンピック、リニア新幹線、海外高速鉄道、防災・復興、防衛・テロ対策、宇宙開発・スペースデブリ（宇宙ゴミ）対策、農業ＩＣＴ、バイオ・遺伝子治療・再生医療、ウイルス対策、遠隔医療、高齢化・介護対策、子育て・待機児童対策、デジタル教科書などだが、時代の変化に伴い、今後、新しいキーワードが加わるだろう。その都度、それら新しいキーワードを記した紙をこのページに挟んでおいていただきたい。

自分なりにシナリオをつくってみる

先に挙げたキーワードを中心にして、**自分なりにシナリオを描いてみる**のもいい。そうすることで、物色の流れにより敏感になれるはずだ。

例えば、2020年の東京五輪に向けて日本はどう変わっていくかを想像する。全体像が描きづらかったら、個別に「五輪までに自動車の自動走行が可能となったら、世界はどう変わるのだろうか?」でもいい。想像してみることだ。

株式セミナーでも、これらの新しい材料テーマを取り上げて「世界はこう変わる。その変化をもたらす企業はここだ。なぜなら、同社の技術はそのように世界を変えるために不可欠な技術だからだ」と「シナリオ推奨」すると、納得してくれる顧客が多い。

やはり、イメージをより鮮明にするためにも、「風が吹けば桶屋が儲かる」ような「軽い」シナリオでもいいので、自分の頭でシナリオを描いていただきたい。**あまり深く考えず、風呂に入っているときでもいい。**

第2章

プロが命綱にする「チャート&トレンド」

Habit 05

下げトレンドを覚悟する

■夢の新薬相場を超越した小野薬品

どんなに利益が伸びる見通しの銘柄でも、上げ続けることはない。逆に**下げ相場に入ることもある。**それが相場だ。

２０１２年暮れ以降、アベノミクス相場がスタートしたが、15年8月にひと相場が終わった。その後、16年2月まで下げ相場が続き、２月から米国で大統領選挙がある11月まではもみ合い（横ばい）相場が続いた。この下落相場と、もみ合い相場の前半戦で私を支えてくれた銘柄が小野薬品工業だった。何度も株式セミナーで取り上げ、銘柄記事も書いた。

ちょうどアベノミクス相場が終わった15年8月に、先輩から「抗がん剤（免疫チェックポイント阻害剤）の『オプジーボ』をよく調べておくように」という指令が飛んだ。

調べてみると、震えがくるような夢の新薬。がん細胞が体内にできると、免疫担当細胞のなかで最強のキラーT細胞ががんを攻撃する。ところが、攻撃すると、がん細胞が「PD－L1」という物質をつくり、それがT細胞にとりつき、T細胞が攻撃できないようにする。オプジーボはそのPD－L1を阻害して、T細胞ががん細胞を攻撃できるようにする抗がん剤だ。

私自身、若かりし1980年代に「夢の新薬相場」を体験していたので、バイオ関連は根っから好きだが、まさか同社が84年につけた上場来高値1万5350円を32年ぶりに抜く大相場までに至るとは思わなかった。しかし、16年4月12日に5880円の高値をつけた。4月1日に普通株式1株を5株に株式分割しているので、実質的には5880×5＝2万9400円まで上げた計算となる。

■ノーベル賞候補でも低迷するときは低迷する

ところが、その後はオプジーボの高薬価問題、オプジーボの薬価引き下げ、オプジーボと同タイプの薬剤である米メルク社の「キイトルーダ」との特許侵害訴訟などが浮上した。

ただ、高薬価といっても厚生労働省が決めた価格であり、同社が責められる話でもない。薬価下げでも17年3月期は12期ぶりに営業利益・最終利益ともにピーク更新となる見通しだった。実際、最高益を更新した。オプジーボの開発者の本庶佑《ほんじょたすく》氏（京都大学大学院医学研究科客員教授）は引き続き今年もノーベル生理学・医学賞候補に挙がっている。さらにさまざまなメディアで取り上げられたことで、画期的抗がん剤と多くの人が知るに至った。

相場の世界以外でも熱い話題を集めたのに、高値をつけたあとは、一転して下げ相場に入り、依然として低迷している。

どんなに画期的でも、ノーベル賞候補に挙がっても、ピーク利益を更新しても、下がるときは下がる。それが相場である。

まだ小野薬品の相場は完全に底入れ反転していない。日足は底入れの足になってはいるが、週足、月足はまだ低迷したままだ。今後、どんな形になれば、底入れ反転が確認できるかについては、「8　トレンドの転換を見極める」で詳しく解説したい。

図表4 小野薬品工業の月足チャート

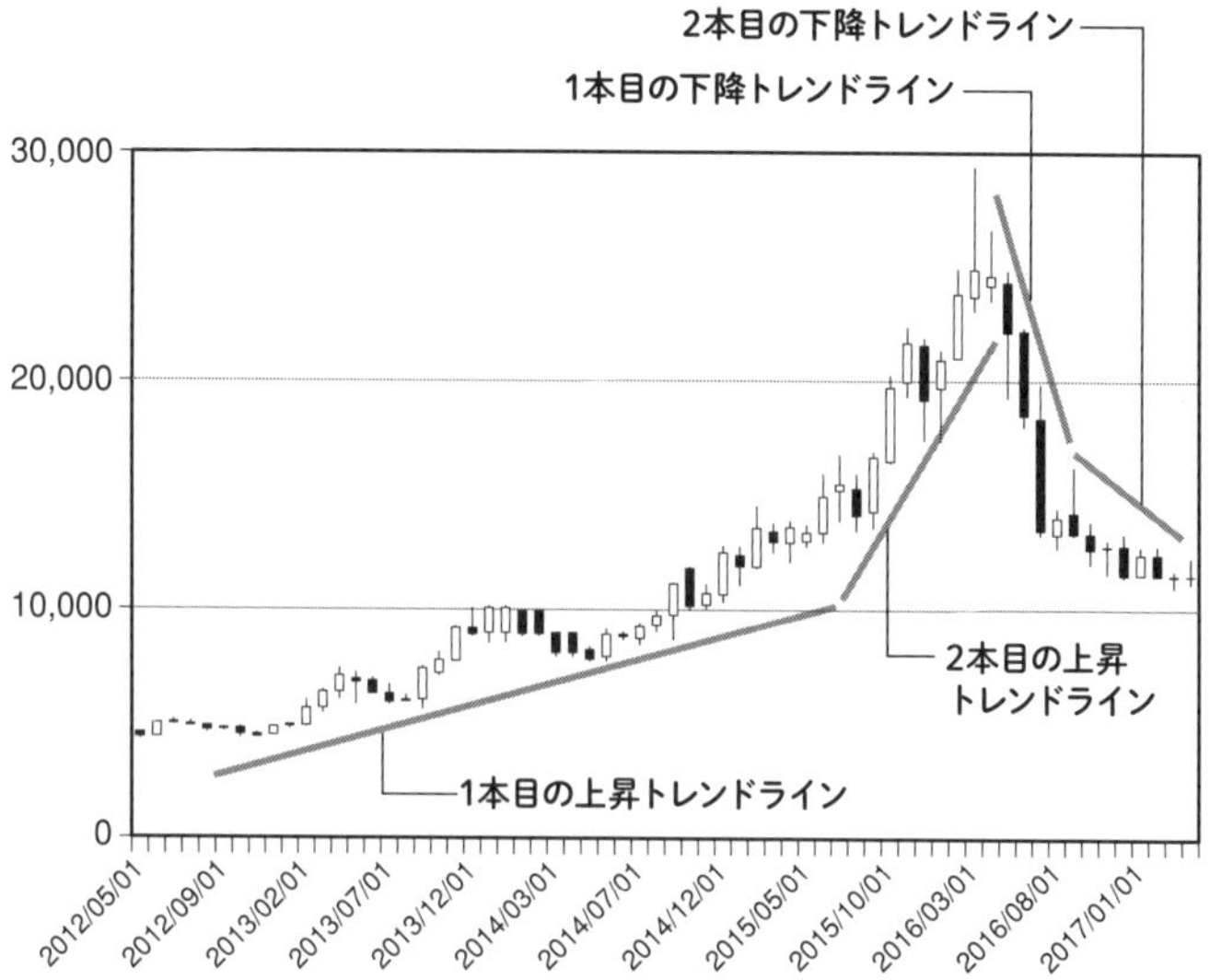

解説

下値切り上げの上昇相場も2016年4月から下落相場に転換した。依然として底入れ反転の足待ちの局面。※17年4月に株式分割をしたが、比較のため、チャートは分割前に合わせている。

Habit 06

悪いときは底入れ反転を待つ

■テクノロジー関連はトレンドに素直

大幅減益、減配、さらに下方修正の懸念がある銘柄でも、どこかで下げ止まり、新たな上昇相場に入る。それが相場だ。前項の「小野薬品」と逆のケースを解説しよう。

上げ下げのトレンドが素直な銘柄の1つは、人気株のソフトバンクだ。上げトレンドのときは上げトレンドが崩れるまで上げ、下げトレンドのときは下げトレンドが終わるまで下げる。ごく当たり前の話のようだが、転換したと思っても、だましの場合もある。

ソフトバンクの孫正義社長自身が、株価のチャートトレンドに対して「上がるときは上がればいい。下がるときは下がればいい」と自然に対応しているから、チャートトレンドが素直でわかりやすいのかもしれない。

こうした下げ上げトレンドが素直でわかりやすい銘柄は、リズムがつかみやすく、投資しやすい。そして、**テクノロジー関連に多い。**景気循環に敏感だからだろう。

そのなかで、ソフトバンクより、もっと素直でわかりやすいチャートを見せているのは、通信系計測器の大手で、携帯電話計測器世界ビッグ3のアンリツだろう。

アンリツの2017年3月期は4期連続の営業減益・純減益で、減配の見通しを出していた。この機会にすべての膿《うみ》を出そうと、特別損失を計上するなど、下方修正の懸念さえあるのに、16年11月11日に528円まで押してから、すでに底入れ反転し、17年5月11日には993円と安値から88％強の上げを演じた。

■どん底でもどこかで底入れ反転するのが相場

過去のパターンを見ると、非常にわかりやすい。前回の上昇トレンドは09年3月～13年5月までの4年2カ月続き、このときは約8倍に化けた。上昇トレンドに入ったのは業績がボトムのとき（09年3月期）からで、その後、4G（第4世代移動通信システム）投資本格化から収益は拡大期に突入した。

逆に13年5月（高値1611円）～16年11月（安値528円）までが下降トレンドで、

3年6カ月。下げ率は8割近い。業績がピークのとき（13年3月期）から下げトレンドに入った。

今回、16年11月から上昇トレンドに転換したが、前回と同様、業績がボトム（17年3月期）のときからのスタートとなった。いよいよ19年3月期から5G投資が本格化してくる見通しにあり、前回の上げのときの4G投資拡大とダブる。

もちろん、今回も4年以上上げ、8倍も上がるかどうかはわからないが、少なくとも上昇トレンドが崩れるまで持っていてもいいだろう。

アンリツほど上げトレンド、下げトレンドがわかりやすい銘柄は少ないが、**どんなに業績が低迷していても、どこかで底入れ反転するのが相場である**ということはおわかりになったと思う。

では、どんな形になれば、上げトレンド、下げトレンドに転換したのかを確認できるかについては、「8　トレンドの転換を見極める」で詳しく解説したい。

図表5 アンリツの月足チャート

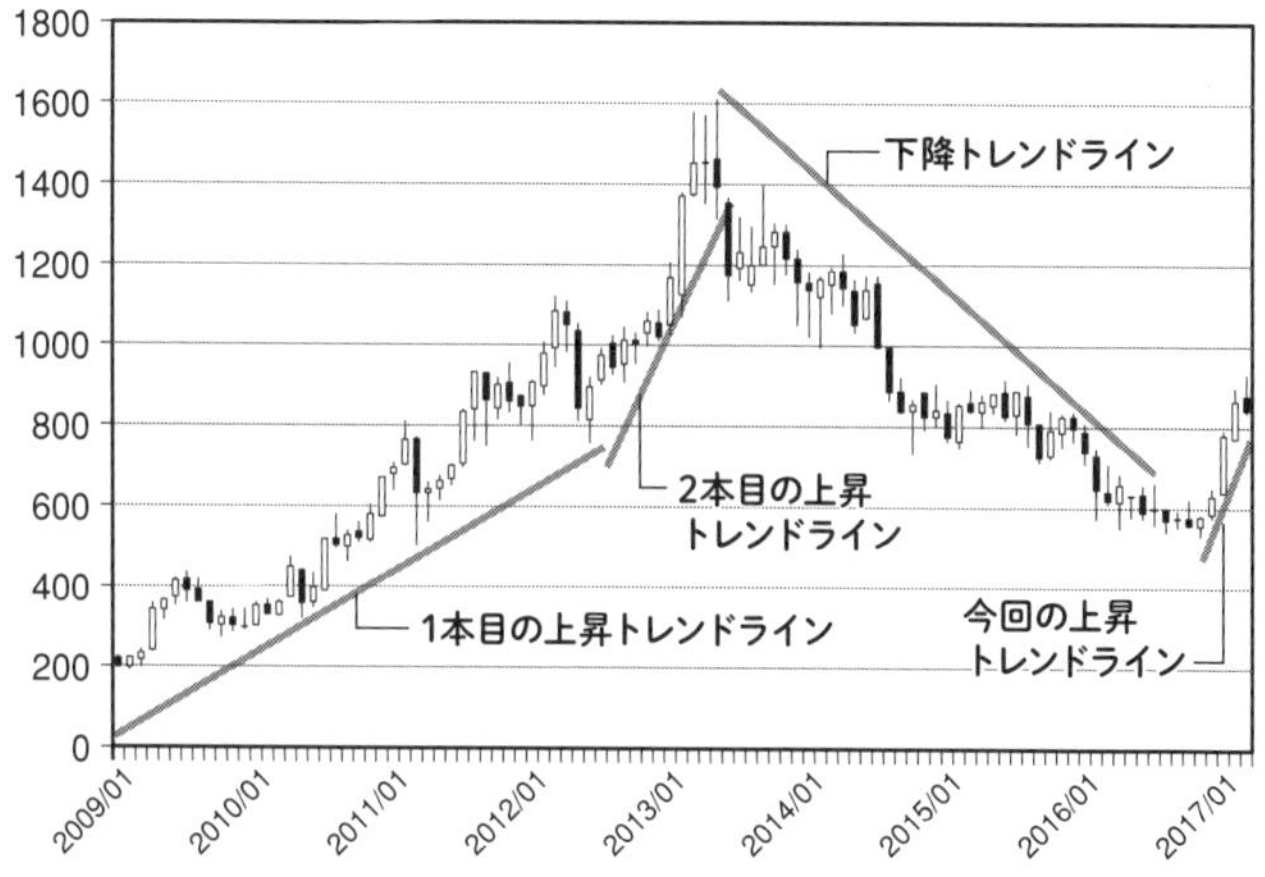

解説

2013年5月から始まった下落相場も、業績がまだボトムだった16年11月に上昇相場に転換。

Habit 07

相場は4つに単純化する

■相場は4つのパターンのどれかに当てはまる

株式市場に参加している投資家は、シェアの過半を占める外国人投資家のほか、個人投資家や、民間金融機関、企業法人、年金、日銀、証券自己売買部門などが主なプレーヤーだ。それぞれのプレーヤーの思惑は「上がってほしい」「下がってほしい」などバラバラだが、株式市場という1つの塊になると、日経平均、TOPIXともに**「上昇トレンド」「下降トレンド」「もみ合い（横ばい）」**の3つの形のどれかになる。

いや、もみ合いに関しては、**「上げ続けてきたあとに、もみ合いとなる」**、逆に**「下げ続けてきたあとに、もみ合いとなる」**という2パターンあるので、厳密にいえば、4つの形のどれかになる。

図表6 上昇トレンド、下降トレンド、もみ合い

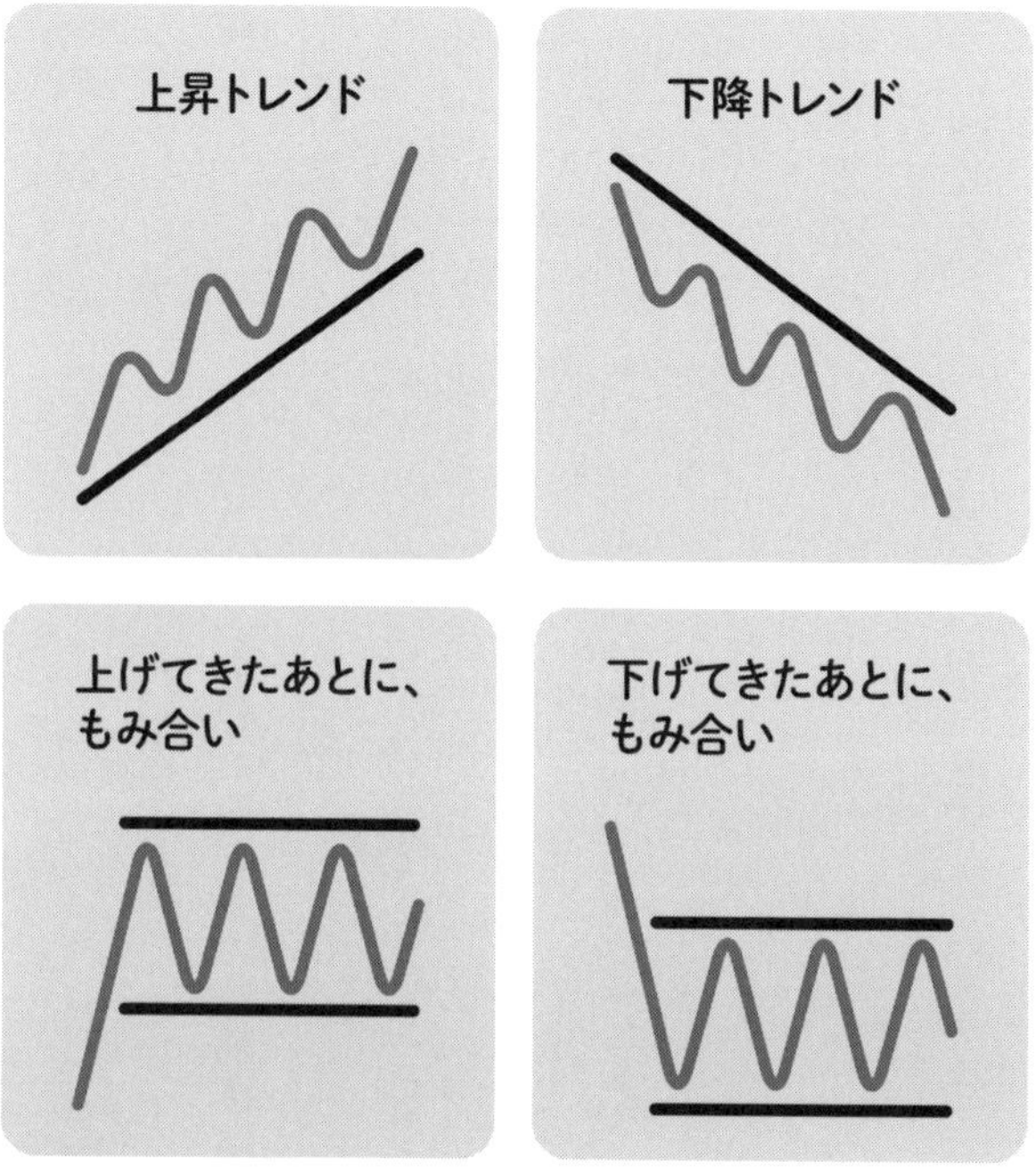

解説

全体でも個別銘柄でも、この4つのどのパターンに入っているかを頭に入れて戦いたい。

もちろん、これは日経平均などの指数だけでなく、個別株のチャートもどれかの形となる。

指数が上昇トレンドの相場では**「買い方が有利」**、逆に下降トレンドの相場では**「売り方が有利」**、全体もみ合い相場では**「上昇トレンドの個別株は買い有利」「下降トレンドの個別株は売り有利」**ということは理屈でおわかりになるだろう。

「1　相場のプロは流れに逆らわない」で指摘したが、「相場の流れ」から説明すると、上昇トレンドの相場では流れに乗っている銘柄（＝上げトレンド銘柄）が多く、下降トレンドの相場では逆流の銘柄（＝下げトレンド銘柄）が多く、もみ合い相場では、個別株は「なぎ状態（動きがない）のもの」が多いか、もしくはバラバラに動いているものが多い（＝流れはカオス）といえる。

■下げ相場では休むことが肝心

「当たり前のことをしつこく書いている」と思われるかもしれないが、上げトレンド相場のときに「買い」で入るのは理屈に合っているにしても、下降トレンドのときに「買い」で戦おうとする投資家が多いのには驚かされる。それは**「当たり前のこと」をわかってい**

ないからではないか。

例えば、高値から大きく下げてきた銘柄を考えよう。相場格言では高値から「半値八掛け二割引き」が底値のメドといわれる。高値が1000円だったら、半値500円、八掛け400円、二割引き320円がほぼ底値ゾーンということだ。

しかし、これはあくまでも「メド」であり、実際、そこで下げ止まるかはわからない。下げ止まりは、底入れ反転して初めて確認できるものだ。下げ止まってもいないのに、「そろそろ下げ止まるだろう。リバウンドが狙えるだろう」という甘い期待感だけで、下げトレンド相場に無防備に買い出動する投資家が多く、その後、痛い目にあっている。

下げトレンド相場のときは**休んでもいい**。魅力ある銘柄は多いが、**今買うにはもったいないという気持ちを持つ**べきだ。

私も下げ相場のときは、将来的に魅力がある銘柄があっても、今は推奨する時期ではないと控えている。

ただ、下降トレンドの相場でも、数は少ないが、流れに乗っている銘柄はある。そうした上昇トレンドが崩れていない銘柄の押し目（一時的な下げ）を推奨することで「戦いづらい相場」を乗り越えるようにしている。

Habit 08

トレンドの転換を見極める

■自分に合ったチャート分析にとことん付き合う

トレンドが転換したかどうかはチャートが教えてくれる。では、どのチャートが最も使い勝手がいいのか。例えば、楽天証券の「マーケットスピード」の「テクニカルチャートの活用法」を見ると、20以上のチャート分析が載っていて、どれを選んでいいのか迷ってしまう。

長年、この世界で生きているからわかるが、チャートに凝る人は本当にとことんまで凝る人が多い。「チャート教信者」といってもいい。しかも、チャート分析法は数が多い（＝宗派が多い）ので、次々に宗派を変えて、本当に信仰に足るチャート探しに奔走する。以前、一緒に株式情報のダイヤルＱ２（今はこのサービスはなくなった）をやっていた友人もそうだった。

しかし、あるとき、彼は「どんなチャート分析でも最終的な判断にどうしても主観が入る。だから、主観によって、逆の結論が出る場合がある。１００％確実なチャート分析法がないなら、**最も自分に合ったチャート分析に帰依すればいい**という結論になった」といっていた。

私自身、それなりにチャート分析法は学んできたが、彼のように徹底的にやったわけではなかった。しかし、彼の言葉に救われた。根が大雑把なので、「7 相場は4つに単純化する」で紹介したように、そのときの相場が「4種類のどのチャートか」を基本に据えて、それをベースにトレンドの転換を見ている。

■5日・25日、13週・26週移動平均線の形を見る

具体的には、下げ続けてきた指数や個別株は、底入れの場合、**①大きな陽線か連続陽線で底入れシグナル、②5日移動平均線上に浮上、③5日線が上向き転換、④25日線上に浮上、⑤25日線が上向き転換**、というプロセスを経て底入れ反転を確認できる（③④⑤が相前後する場合もある）。その間、5日線が25日線を抜く**ミニゴールデンクロスもどこかで**

形成する。

逆に、上げ続けてきた指数や銘柄は、**⑥大きな陰線か連続陰線で下降シグナル、⑦5日線を割る、⑧5日線が下向き転換、⑨25日線割れ、⑩25日線が下向き転換**（⑧⑨⑩が相前後する場合もある）で下降トレンド入りが確認できる。その間、5日線が25日線を割るミニデッドクロスもどこかで形成する。

さらに、⑤のあとは、**⑪13週線上に浮上、⑫13週線が上向き転換、⑬26週線上に浮上、⑭26週線が上向き転換し、その間、13週線が26週線を抜くゴールデンクロスを形成**し、完全に上昇トレンド入りとなる。

逆に、⑩のあとは、**⑮13週線を割り、⑯13週線が下向き転換、⑰26週線を割り、⑱26週線が下向き転換し、その間、13週線が26週線を割るデッドクロスもどこかで形成**し、完全に下降トレンド入りとなる。

大雑把な見方ではあるが、相場の世界では、細かな動き、細かなだましにとらわれるよりも、**大きな流れやトレンドをつかんでいくほうが勝つ確率を高められる**。とくに、トレンドを重視する外国人投資家が東証1部市場を牛耳っている以上、大きな流れやトレンドをつかむ重要性を再認識していただきたい。

図表7 トレンドの転換点

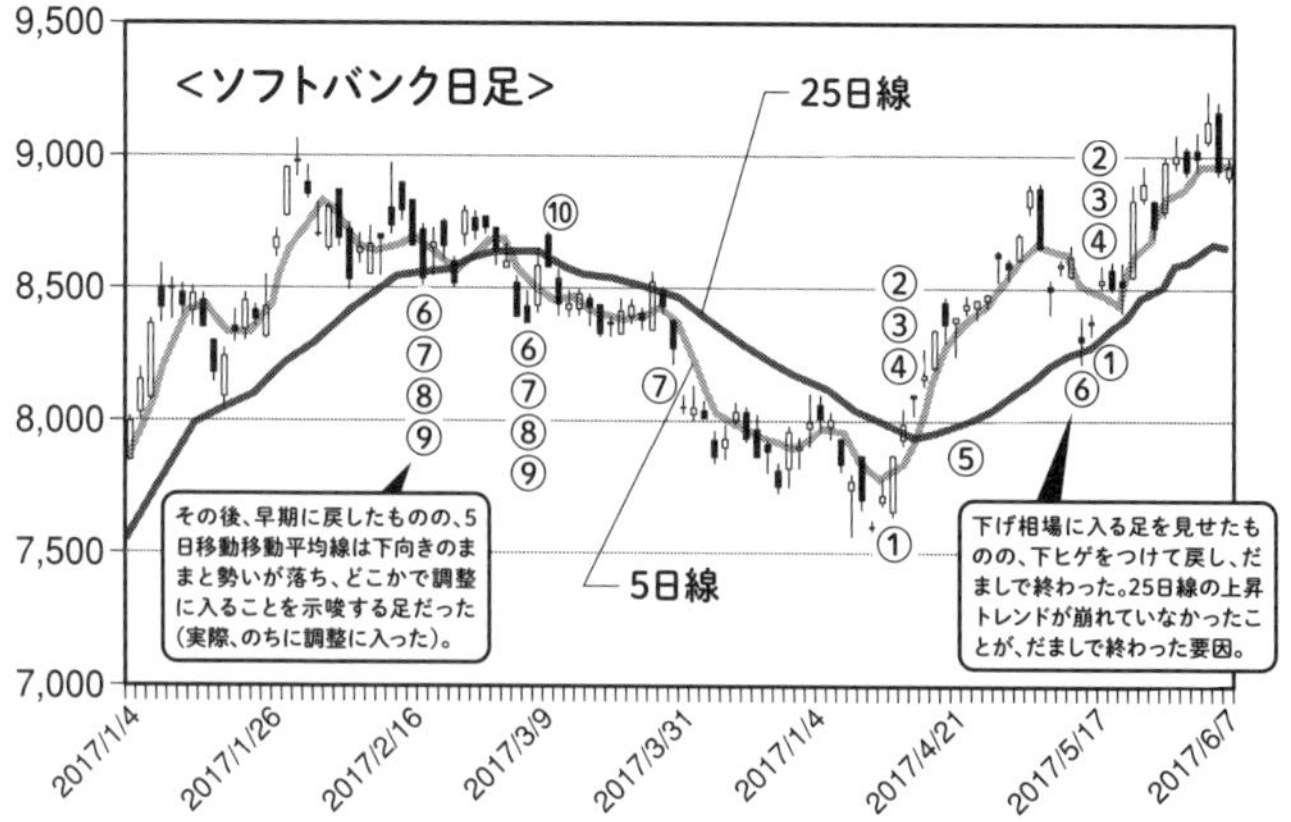

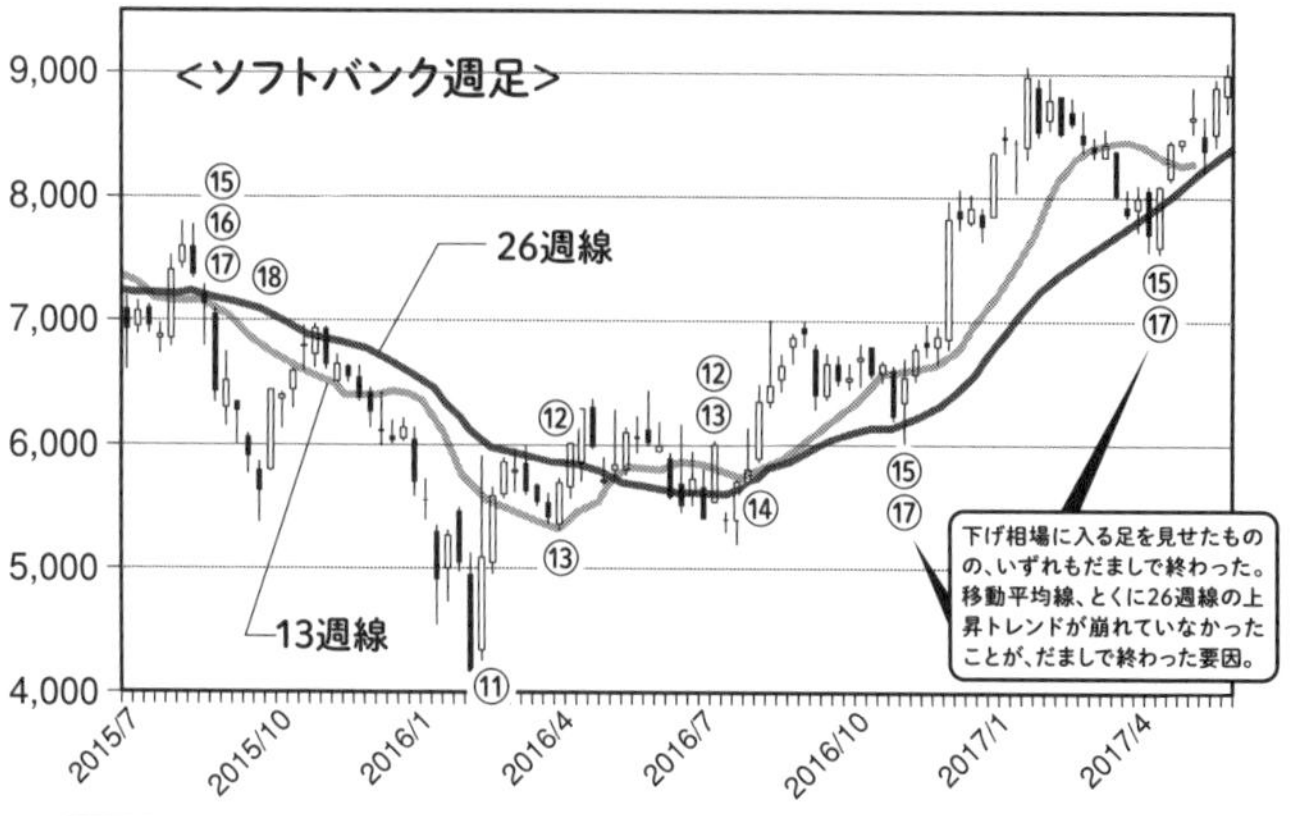

解説

日足も週足もトレンドの重要性がわかるだろう。目先の上下に一喜一憂することなく、トレンドと合わせて見ていくことが大切だ。

Habit 09

グランビルの法則から学ぶ

■買いの4法則、売りの4法則を頭に叩き込む

私はあくまでも大雑把なトレンドラインの信奉者だが、どんなチャート信奉者でも、最低でも知っておいてほしいのが**「グランビルの法則（買いの4法則、売りの4法則）」**だ（57ページのチャートを参照）。「8　トレンドの転換を見極める」とダブる部分もあるが、相場の生命線である「チャート&トレンド」を体で覚えさせるためにも、8法則だけなので頭に叩き込んでいただきたい。

ときには、このグランビルの法則を逆手にとって（買いの4法則に沿ったチャートをつくり）売り崩しするヘッジファンドもないわけではないが、こうしたレアケースにはとらわれないほうがいいだろう。彼らもトレンドに逆らうリスクを負うので、そんなに積極的

には仕掛けてこない。もともと多くの外国人投資家はトレンドに対して素直につき、**株は勝つ確率が高いときにいく**という基本があるからだ。

ただ、仮にそうした「ヘッジファンドの罠《わな》」があっても、「8　トレンドの転換を見極める」で学んだことや、以下で解説するトレンドの変化に敏感に対応すれば、傷を負っても浅く済む。

■25日線とローソク足でトレンドを見極める

「買いの法則1」は、下げ続けてきた移動平均線（25日線を使うことが多いので、ここからは25日線で説明する）が、横ばいから上向き転換と底入れ反転に転じてきたところに、下から株価（ローソク足）が25日線を抜いてくる形で、25日線も株価も上昇トレンド入りとなる。

「買いの法則2」は、「買いの法則1」のあとの変形。25日線が上向き転換し、株価も25日線を抜いたが、その後、また株価が25日線を割る状態。ただ、25日線の上昇トレンドに崩れがなければ、再度、25日線を抜く確率が高い。

「買いの法則3」は、株価が25日線上に位置し、下げても25日線まで下げずに再度上値追いするもので、これはどう見ても強く、投資家が集まってくるチャートだ。

「買いの法則4」は、25日線が下降トレンドではあるが、株価が25日線から大きく下にかい離している（マイナスかい離5％から買い場探し、10％以上は底値圏とされる）ので、リバウンド取りの妙味が出てくる。ただし、「7　相場は4つに単純化する」で解説したように、下げ止まったわけではなく、逆流に飛び込むリスクがある。**勝つ確率を考えるなら「買いの法則1〜3」が本筋**だ。

「売りの法則5」は「買いの法則1」の逆、**「売りの法則6」**は「買いの法則2」の逆、**「売りの法則7」**は「買いの法則3」の逆、**「売りの法則8」**は「買いの法則4」の逆となる。いずれも売りサイン。

ただし、**「売りの法則8」**は、25日線が上昇トレンド、株価が25日線から大きく上にかい離（プラスかい離5％から売り場探し、10％以上で天井圏とされる）しているが、実際に下げトレンドに入っているわけではなく、売るにはリスクがある。慌てて売るよりも、あくまでもいずれ反落リスクがあると警戒し、変調を来したら売るほうが確実だ。

図表8 グランビルの8法則

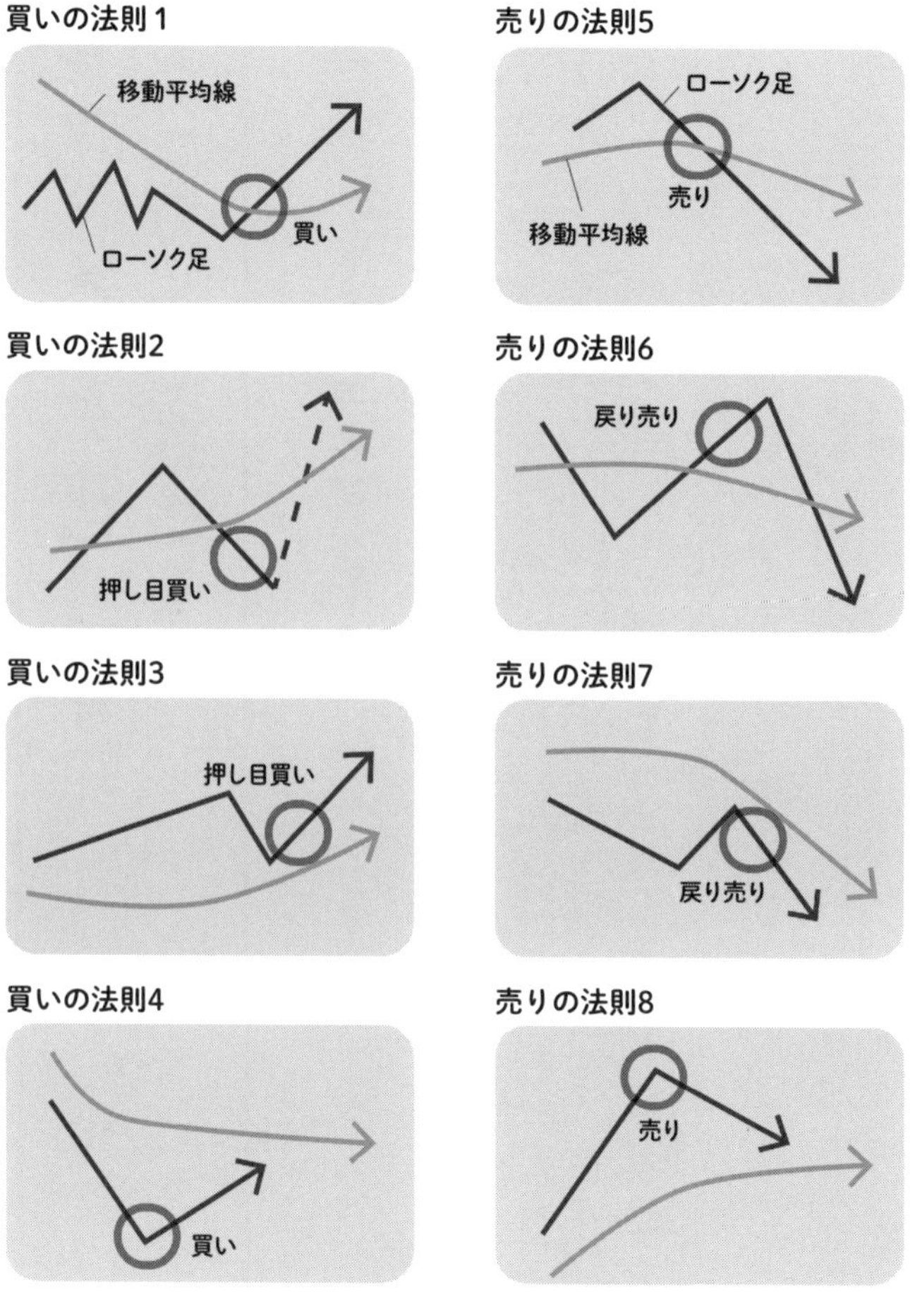

たった8パターンなので、頭に叩き込こもう！

Habit 10

ファンダメンタルズより テクニカルを重視する

■理屈より現実・本物の世界が大事

私は40年近く証券専門紙記者、フリーの経済ライターを続けてきて、世界経済、企業業績などファンダメンタルズに関する記事を最も多く書いてきた。誰が見てもファンダメンタルズ派だ。しかし、多くのファンダメンタルズの記事を書いてきたからよくわかるが、相場の世界ではファンダメンタルズよりも**テクニカルのほうが頼もしい味方になってくれる**。ファンダメンタルズ派の私もそれを認めざるをえない。

ファンダメンタルズは物語であり、予測であり、理屈だが、テクニカルは数字であり、現実であり、感情（本能）である。数字、現実、感情（本能）は、物語、予測、理屈を凌《りょう》駕《が》する。目に見える本物の、実際の世界だからだ。

チャート分析については、これまで解説してきた「トレンドラインを軸にしたチャートの見方」で十分と思うが、信奉者が多く、株式ニュースで折に触れて取り上げられるチャート分析についても補足して説明しよう。

■先行指標の25日騰落レシオ

ここからの解説はくどくどはしない。ポイントのみを記す。興味を持ったチャートについてはネット検索などでそれぞれ研究していただきたい。

一目均衡表……「雲＝抵抗帯を抜いたら株価は晴れ、雲を下回ったら雨」というイメージ。時間軸を見ると、いつ雲を抜くか、晴れるか、ある程度の予測もでき、売買作戦が立てられる。

MACD……2本の移動平均線で誰が見てもわかりやすくゴールデンクロス、デッドクロスが形成される。だましは少ないが、クロスはそれほど出ない。

ボリンジャーバンド……移動平均線分析の進化した形で、移動平均線の上下の線の間で株価が動く（＝収束と拡散を繰り返す）習性、かい離率から売り買いのタイミングを図る。

25日騰落レシオ……「25日間の値上がり銘柄数の合計÷25日間の値下がり銘柄数の合計」。100％が中立で、120％以上になると全体相場は過熱、逆に70％以下は底値ゾーンとされるが、120％を超えてもすぐには調整には入らないことが多い。70％を割ってもすぐには反転しないことも多い。相場は惰性があり、上にも下にも行きすぎることが多いからだ。しかし、騰落レシオは先行指標であり、いずれ調整（反転）に入るシグナルが点灯していると頭に入れておく。のちに本格的な変化が出たとき、おたおたせずに済む。

引き続き「チャート&トレンド」の重要性をいろいろな面から補足していくが、チャート&トレンドと同等、いや、それ以上に重視すべきものがある。それは**出来高**だ。

「株価はある程度ごまかせる。例えば、売り買いの気配が350円の銘柄があったとすると、350円でも、351円でも、355円でも値をつけられる。しかし、株価以上に出来高はごまかせない」（プロの投資家）

つまり、出来高は実際に集まった買い物、売り物の総計だからだ。この出来高の読み方などについては第6章で深く取り上げるが、まずはチャート&トレンドの大切さを何度も確認していただきたい。

Habit 11

ブル型・ベア型ETFで勝負する

■トヨタ、ソフトバンクより人気のETFがある

相場が大幅安になったり、底値が見えない相場が続いているとき、東証の売買代金でトップの商いをこなすことが多い銘柄は何か？　トヨタ自動車、ソフトバンク、三菱UFJフィナンシャル・グループ、任天堂、それとも東芝、シャープだろうか？

確かに、これらは上位の常連だが、実は、相場がとくに下に荒れたときに、ほとんど間違いなく売買代金が1位になる銘柄がある。それは、NF日経平均レバレッジ・インデックス連動型上場投信（コード番号1570）だ。NF日経平均ダブルインバース・インデックス連動型上場投信（同1357）も上位の常連である。

このほか、NF日経平均インバース・インデックス連動型上場投信や、TOPIXブル

2倍上場投信、TOPIXベア上場投信など、複数の**「ブル型・ベア型ETF」**が上場している。

その仕組みについて解説すると、**ブル型ETF**とは、日経平均株価やTOPIXなど株価指数の変動率の2倍の価格変動率となるものだ。一方、**ベア型ETF**は、株価指数の変動率のマイナス1倍、つまり価格の変動が株価指数の正反対になるものだ。

日経平均のブル型ETFは**レバレッジ（てこ）の力を利用して大きく変動**し、日経平均株価が10％上がれば、2倍の20％上がり、逆に日経平均株価が10％下がれば2倍の20％下がる。一方、ベア型のETFはインバース（逆、反対）で、日経平均が10％上がれば10％下がり、10％下がれば10％上がる。ダブルインバースではその2倍も変動することになる。

いずれも当たれば大きいが、曲がれば（外れれば）損失は大きくなる。

■バクチと割り切れるなら打診買いも

とくに脚光を浴びるのは、**全体が暴落したときのブル型ETF**。例えば、米国トランプ新大統領懸念で下げた2016年11月11日の安値から17年3月2日の高値までのNF日経平均レバレッジ・インデックス連動型上場投信の上昇率は約48％と、日経平均の約22％の

図表9 東証売買代金ランキング（2017年6月1日）

順位	コード	名称	売買代金
1	1570	（NEXT FUNDS）日経平均レバレッジ上場投信	113,345,679,960
2	7974	任天堂（株）	75,221,903,000
3	8306	（株）三菱ＵＦＪフィナンシャル・グループ	55,208,236,460
4	9984	ソフトバンクグループ（株）	52,921,276,000
5	8035	東京エレクトロン（株）	45,056,214,500
6	3853	インフォテリア（株）	42,208,413,000
7	7751	キヤノン（株）	38,103,482,800
8	7203	トヨタ自動車（株）	29,910,977,400
9	8316	（株）三井住友フィナンシャルグループ	26,955,726,200
10	6758	ソニー（株）	23,023,075,600
11	1357	（NEXT FUNDS）日経ダブルインバース上場投信	21,735,508,730
12	6954	ファナック（株）	21,289,792,500
13	8411	（株）みずほフィナンシャルグループ	20,880,129,460
14	9432	日本電信電話（株）	20,292,811,900
15	4502	武田薬品工業（株）	19,752,404,600
16	3661	（株）エムアップ	17,978,685,500
17	9983	（株）ファーストリテイリング	17,389,371,000
18	6594	日本電産（株）	16,816,355,000
19	2914	ＪＴ	16,516,775,200
20	6752	パナソニック（株）	16,303,293,500
21	9433	ＫＤＤＩ（株）	15,579,993,600
22	7267	ホンダ	15,483,302,800
23	6861	（株）キーエンス	14,601,759,000
24	5108	（株）ブリヂストン	14,017,084,300
25	6098	（株）リクルートホールディングス	13,913,829,000
26	3436	（株）ＳＵＭＣＯ	13,863,661,700
27	4063	信越化学工業（株）	13,855,267,300
28	8604	野村ホールディングス（株）	13,276,927,370
29	6301	コマツ	13,137,276,250
30	8830	住友不動産（株）	12,694,933,000

解説

ブル型・ベア型のＥＴＦは、ショック安など大きく相場が動いているときに人気化する習性がある。とくに大幅安のとき、日経平均レバレッジ（証券コード1570）は一番人気になることが多い。

倍以上の上げを見せた。つまり、ブル型ETFは暴落時に逆転ホームランを打てる商品として人気化することが多い。ただ、あくまでも本来は**超短期で勝負をかける商品**である。16年11月~17年3月まで持つような悠長な商品ではない。なぜなら、暴落の翌日に暴騰し、その後は下がらないにしても、もみ合いが続けば、時間の経過とともに価格は低下してしまうからだ。

ブル型ETFは上げ相場、ベア型ETFは下げ相場でこそ力を発揮する。ブルは上げで、ベアは下げで、それぞれの指数の上げ率、下げ率を超えて儲けを弾き出す商品だからだ。

実際は、暴落時にブル型ETFでバクチを張って儲けている投資家も確かにいるが、恐らく、やられている投資家のほうが多いはずだ。バクチで取った投資家は自慢し、やられた投資家は無言を貫くから、失敗談はあまり聞こえてこないだけだ。

ただ、プロの投資家はバクチと割り切って、暴落時にブル型ETF、天井圏で指数が大きく伸びたときにベア型ETFの打診買いをすることは多い。相場の味、強弱を体で感じるためにだ。しかし、**見込みが違ったと判断したときは、速やかに撤退する**ことを肝に銘じて出動している。個人投資家もその決意があるなら、損しても傷が浅い程度の授業料を覚悟して投資するのも一法だ。成長にもつながろう。

Habit 12

「ロスカット」を徹底する

■下げたときの対応がプロとアマの違い

ここまで述べてきた「相場の流れに逆らわない」「チャート&トレンドを重視する」こと並んで、最も大切な項目がある。それは**ロスカットルールの徹底**である。

株式投資の世界では全勝優勝はありえない。トータルでプラスにする世界だ。当然、見込み違いで損失を被ることもある。

相場全体が上がると見ていたのに、案に反して全体が暴落してしまい、投資した銘柄も下げてしまった。新技術製品の将来性が明るいと期待して買ったものの、その新製品に欠陥が生じて期待感がはげてしまった。業績進捗《しんちょく》率が高く、業績の上方修正と増配を見込んでいたものの、受注の遅れから、逆に下方修正・減配となり、株価は大きく突っ込んでしまったといったことはよくある話。

買った銘柄がやられる背景は、全体相場に足を引っ張られたか、個別の要因で下げてしまったかだが、理由はどうあれ、**下げたときの対応が本物のプロの投資家になれるかどうかの関門だ。**

プロに話を聞くと、「個人的に1年以上持っていい、あるいは半年以上かけて相場をつくろうと思っている銘柄は13週移動平均線割れでいったん撤退するが、もっと早く勝負をつけようと出動した銘柄は25日線を割ったらロスカットする」という声が多い。撤退は25日線ではなく、75日線という人もいた。

ただ、ここで問題が出る。みんながみんな、25日線割れで撤退するのであれば、25日線を割ったら大きく突っ込み、そこが皮肉にも拾い場となりかねないことだ。

しかし、個別銘柄のチャートを見ると、25日線を割っても、ズルズルと一気に後退する銘柄は多くない。「まだ戻るだろう」と売り惜しみをしている投資家が多いからだろう。ただ、5日・25日線が下向き転換したら、ズルズル後退する銘柄が増えてくるので、どんなに遅れても、25日線が下向き転換するまでには撤退したほうがいい。その後、戦いやすくなるからだ。

■ロスカットルールに例外を設けないこと

相場全体がショック安になったときは、プロでも対応が分かれた。

「２００８年のリーマン・ショック時のように、先が見えない構造的な問題での下げでは、いったんは投げざるをえない」という声もあれば、「16年11月のトランプ・ショックのようなムード的な大幅安では売らない」という声もあった。後者は現物株比率とキャッシュポジションが高いという資金的余裕があった面もあるようだが、これもチャート＆トレンド次第といえる。リーマン・ショック時では全体は下げトレンド、トランプ・ショック時では13週・26週平均線は上昇トレンドに入っていた。**中長期線が下降トレンドのときのショック安は撤退したほうが安全**だ。

ただ、プロの方々が生き残っている最大の要因は、どんな状態でも**自分の決めたロスカットルールに例外を設けていない**ことである。損したら取り戻せばいい。揺れが収まったら、**いくらでも儲けのチャンスは転がっている**ことを知っている。

第3章

儲かる銘柄を発掘する習慣

Habit 13

チャートとタイミングで短期的な銘柄を見つける

■三位一体銘柄を探そう

第1章の「1　相場のプロは流れに逆らわない」でも書いたが、これまで「発掘銘柄の推奨記事」を万単位で書いてきた。読者のニーズの違いから、マネー雑誌などでは投資期間3カ月〜1年の中長期投資銘柄を主体に書き、新聞やウェブサイトなどでは3〜10日程度の短期銘柄を主体に紹介するようにしている。

ただ、実は両方とも取り上げる銘柄はかなりダブっている。短期銘柄といっても、長く追える中長期銘柄の短期売買だ。つまり、前者は3カ月〜1年じっと持ってもらう狙いで書いているが、後者は前者で取り上げた中長期銘柄についてタイミングを見て年に何度か短期で売り買いしてもらうことを主眼にしている。

選定する基本は、これまでも本書で解説してきた3つの条件を満たすものだ。

「今後、収益が拡大する（改善する）見通しの銘柄」（銘柄本位制）

「相場の流れに乗る材料テーマを持っている」（流れ本位制）

「チャート&トレンドから見て好タイミング」（チャート&トレンド本位制）

この3つの本位制を満たす三位一体銘柄を探している。

原稿を書いてから出版されるまでタイムラグがある雑誌では、ある程度「タイミング」は無視せざるをえないところがあるが、新聞やウェブサイトなど、短期ニーズが高いメディア向けでは「チャート&トレンド本位制」を一番優先して考える。株は銘柄よりも時やタイミングで買うものだが、とくに短期ニーズが高いものほど「そのとき、タイミング」の重要度が高まるからだ。

■同じ流れの銘柄なら好チャートのものを選ぶ

だから、相場の流れとなっている材料テーマに関連する銘柄が複数あるなら、そのなかから、できる限り攻めたいタイミングにある銘柄を取り上げるようにしている。

具体的には、**上昇トレンドに崩れがないもので押し目を形成してきたもの、**「9　グランビルの法則から学ぶ」で取り上げた**「買いの4法則」に沿ったチャートのもの、三角保《も》ち合い（三角形に収束するチャート）やもみ合いを上放れてきたもの**、もしくは、**上放れそうなチャートのもの**（次ページのチャートを参照）を優先的に取り上げる。

取り上げる前に上がってしまった場合は、慌てなくていい。上げているというのは流れに乗っていることだが、いくら流れに乗っているとはいえ、ずっと上げ続ける銘柄はない。必ずどこかで押し目を入れる。押し目を入れても、すでに過熱ゾーンに入ってしまったら、もみ合って、チャートが煮詰まり、**攻めやすいチャートに変化するのを待てばいい**だけの話である。

それに流れがあれば、攻めたい銘柄は何とでも見つかるし、常に何らかの流れはある。また、そうした流れを継承する、あるいは流れを増幅する、あるいはその流れから新しい流れに広げるお手伝いをする。流れを点から線、面に広げていくことも楽しい作業である。次に、そんな作業についても語ろう。

図表10 三角保ち合いともみ合いのチャート

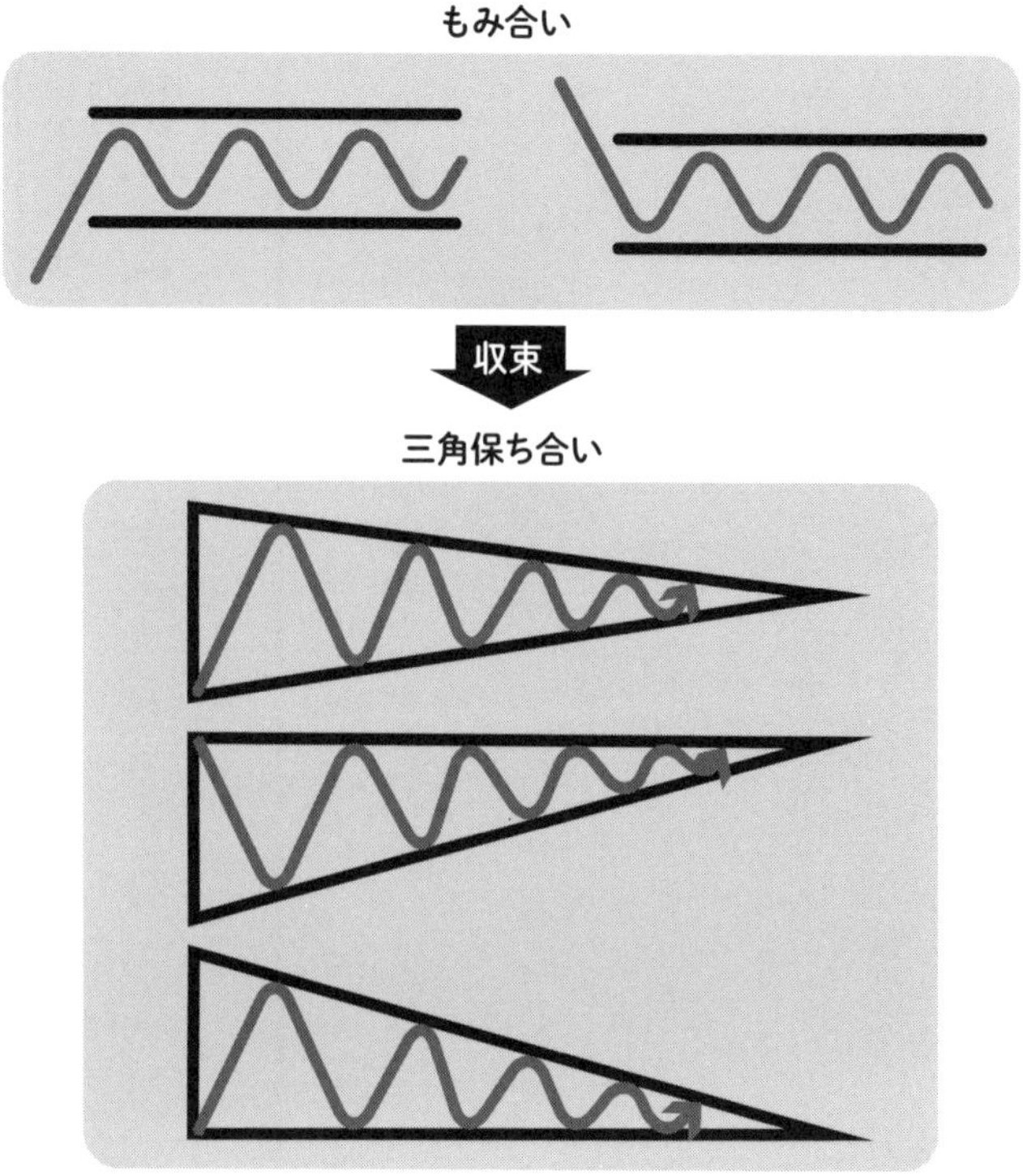

解説

もみ合いも収束していくと、上か下に放れる三角保ち合いを形成してくる。流れなどを勘案すると、どちらに放れる可能性が高いかが予測できる。仮に、上に放れる可能性が高いと見たら、放れる前に買いを入れるのも一法だし、放れたあとの初押しを狙うのも一法だろう。

Habit 14

流れから銘柄を発掘する

■ネット検索で関連銘柄を探す

物色の流れ＝買われる材料テーマをつかみ、そのテーマに乗る銘柄を発掘するのが「有望銘柄を探し出す」有力な手である。

例えば、ＡＩ（人工知能）、ロボット関連が買われているとする。そのときの相場の流れ＝材料テーマは、ＡＩ、ロボットということだ。

関連銘柄の初歩的な発掘法は**ネット検索を活用する**ことだ。

ネット検索ページで「ＡＩ関連銘柄」「ロボット関連銘柄」とワードを入れて検索すれば、関連銘柄がズラリと出てくる。

関連銘柄を研究するのに重宝しているサイトは**「株探」**（https://kabutan.jp/）だ。

勉強になるのは、**『会社四季報』のコメント欄**を読むこと。深く読まなくてもいい。ざっとでいい。AI、ロボットというコメントが出ている銘柄をノートにピックアップすることだ。時間は多少かかるが、一晩飲みに出なければ、もしくは、ドラマ鑑賞を諦めれば、簡単にできるだろう。しかも、こうしたアナログな作業は頭に残り、すぐに結果が出なくても、どこかで力になってくれる。

ただ、できたら、『会社四季報』は通常版ではなく、**ワイド版**をお奨めする。ページをめくりやすいし、読みやすいからだ。

そうして関連銘柄を選定したら、『会社四季報』でチェックし、会社側のサイト（ホームページ）を訪問して、具体的にAI、ロボットにどうかかわっているのか、どんな展開をしているのかを調べる。

さらに、決算短信を読んで、業績が好調なのか、改善するのかを確認する。仮に減益予想でも、ここ数期の業績推移から見て、水準が高めとか、業績不安が少ないものを選ぶ。

次に、それら選んだ銘柄のなかから、前項で書いたように、攻めたいタイミングにある好チャートのものをピックアップしていく。

よほど関連銘柄が少ない「小さな材料テーマもの」以外なら、それなりの銘柄が残るはずだ。

■団体やイベントから見つける手も

業界団体からアプローチする手もある。AIはアップル、グーグルなどが普及団体に参加したばかりなので、AIのような新しい産業はまだまとまった業界団体はないが、ロボットには「日本ロボット工業会」(「ロボット」「団体」と検索すれば出てくる)がある。その参加企業を調べる。

また、**業界のイベントや展示会情報から探す**。例えば、日本貿易振興機構(ジェトロ)の「世界の見本市・展示会情報」(https://www.jetro.go.jp/j-messe/industry/)から出展企業(材料テーマ関連企業)を探す手もある。

AIでは2017年6月に「第1回AI・人工知能EXPO」が開催され、ロボットに関しては、11月に「2017国際ロボット展」が開かれる。ここでの参加企業から有望企業、あるいは意外な、見落とされている企業を探す手もある。

Habit 15

好チャート銘柄から材料テーマ株を見つける

■見落とされている「流れに乗る好チャート銘柄」はある

「14　流れから銘柄を発掘する」とは逆のアプローチになるが、まず**攻めたい形の好チャート銘柄をピックアップし、それらから流れに乗る材料テーマ株を探す**やり方もある。

つまり、ネットの検索ページでその「好チャートの銘柄名」と「AI」「ロボット」を検索して、もし関連していれば、ヒットするはずだ。仮にすぐにヒットしなくても、何銘柄かやっていれば、何かが当たるだろう。当たったら、『会社四季報』でチェックし、その会社のサイトを訪問し、前項で書いたように、AI、ロボットと具体的にどうかかわっているのか、また業績はどうかなどを分析する。

「材料テーマから銘柄を発掘する」方法だけでなく、このように「好チャートものから材料テーマに関連する銘柄を逆掘りする」方法も駆使して、両面から面白そうな銘柄を見つけることができる。

■有望銘柄を特許検索ページから探す

攻めたい好チャート銘柄をピックアップし、それらから流れに乗る材料テーマ株を探す別の方法もある。

それは「銘柄発掘のプロの先輩方」から教わったやり方で、とくにテクノロジー関連では有効な発掘法だ。どんな手法かというと、**特許情報から探す手**だ。

ネットが普及していなかった時代は、わざわざ霞が関の特許庁を訪問して、いちいち紙をめくって特許情報を調べていたが、今では自宅で簡単にネット検索できる。

特許情報プラットフォーム**「特許・実用新案、意匠、商標の簡易検索」**（https://www.j-platpat.inpit.go.jp/web/all/top/BTmTopPage）を使うのだ。

ここの「特許・実用新案を探す」検索ページで「好チャートの銘柄名」「ＡＩ」と打つ。次に「好チャートの銘柄名」「ロボット」と打つ。すぐにヒットしなくても、いずれ何かが引っ掛かるはずだ。
ヒットしたら、同じように『会社四季報』を閲覧し、その会社のサイトを訪問し、ＡＩ、ロボットと具体的にどうかかわっているのか、また、業績はどうかなどをチェックする。

証券記者時代を含めた長い経済ライターの経験からいうと、意外と特許からスクープ記事が出ることがあった。特許公開したばかりだと、新技術でも、とくに「新鮮さ」があり、本邦初のニュースとなることが多い。

また、企業の決算短信、リリースもそうだが、公開された特許は慣れれば読み物としてけっこう面白い。その読みの蓄積は、どこかで助けてくれる。なんらかの新技術情報が人気化したとき、「あー、その技術はあの特許にもかかわる。なら、特許を出したあの企業も関連するはずだ。株価が上がるかもしれない」と連想が働くようになる。

この**連想は銘柄発掘の大きな味方になってくれる**。常に連想癖をつける。物色の流れを広げる、新しい流れをつくるお手伝いをするのも連想力がものをいってくる。それについて解説しよう。

Habit 16

連想を広げて新しい流れをつくる

■流れに乗る銘柄の紹介で相場を盛り上げる

通常の記事を書くほかに、私には「隠れた仕事」がある。それは、**「物色の新しい流れをつくる」**お手伝いをすることだ。もちろん、結果的に、うまくいくかはわからない。しかし、読者のためであるとともに、記事を書いて飯を食っているプロとして生き残るためにも必要な作業なのだ。

例えば、全体が上昇相場、あるいは、なかなか上がらないものの、下値が堅いもみ合い相場なら、**なんらかの流れを見つけ、流れに乗る個別株を紹介する**ことが多数ある。全体が下落相場の場合は、生活必需品の好業績消費関連、食品、医薬品などディフェンシブストックが逆行高することが多く、銘柄数は多くはないが、意外と流れに乗る銘柄はわかりやすい。

しかし、全体が上昇相場やもみ合い相場でも、物色の流れが一巡してしまうことがある。下落相場でも、好業績消費関連やディフェンシブストックの勢いが減速して、流れが見えなくなってしまうときもくる。そうしたときは無理せずに、転換を確認するまで、**なんらかの流れが出てくるのを待つ**のが基本だ。ヘタに出動させて読者に余計な傷を負わせたくないからだ。だから、いくら「行けそうな銘柄」があっても、外には出さず、自分のなかにストックしてしまうことが多い。

そして、全体が底入れ反転するなど、仕切り直しの動きに入ったときは、注目銘柄を紹介する形で「新しい物色の流れをつくる」お手伝いをするのがプロの推奨記事ライターの仕事だ。

■点から線・面へと広げる連想をする

株は連想ゲームといわれる。簡単な連想なら、トヨタ自動車が買われれば、同業の日産自動車やホンダも買われるし、自動車部品株も買われる。仮に、ある3Dプリンター銘柄が大幅高すれば、当然、ほかの3Dプリンター関連も買われる。**連想買いは相場の常**だ。

材料テーマも連想を広げられる。例えば、これまでＡＩ、ロボット関連が買われてきたとする。しかし、その流れも一巡したが、依然としてＡＩ、ロボット物色の熱気が残り、人気再燃期待があるなら、ＡＩ、ロボットから連想される似た材料テーマを取り上げればいい。例えば、ＩｏＴ、フィンテック、ドローン、ビッグデータ関連などに絡む銘柄を取り上げて、流れをＡＩやロボットから広げていくお手伝いをするのだ。

別の材料テーマでいえば、例えば、太陽電池→地熱発電→燃料電池→リチウムイオン電池→空気電池という広げ方も考えられる。

ある銘柄が「ある材料テーマ」で買われる。まだ、これでは物色は「**点**」にすぎない。それを同じ材料テーマを持つ銘柄に広げ、物色を「**線**」にし、その材料テーマに関連するもの、連想が働くものまで広げ、物色を「**面**」にする。

それは私の直接の仕事ではあるが、個人投資家も連想しながら、そんな広がりを想定していく発想を持てば、まだほとんどの人が気づいていないお宝銘柄が次第に見えていくようになるはずだ。

Habit 17

業績進捗率の高い銘柄を狙う

■「株予報」で毎日チェック

相場の流れに乗る材料テーマ銘柄とともに、三角保ち合い形成など買いやすいチャートになったときに推奨しているのが**「業績進捗率の高い銘柄」**である。

通期経常利益予想が10億円の企業が第3四半期ですでに12億円を達成していたら、業績進捗率は120％。よほどのアクシデントが起きない限り、通期業績が上方修正される可能性が高い。利益が出たら、来期以降の収益拡大のために先行投資を前倒しして利益を圧縮する場合もあるが（決算短信を読むと、予想以上の利益が出た場合、先行投資増加に充てると書いてあるケースも多い）、それはそれで来期以降が楽しみであるから取り上げる価値はある。

なお、営業利益と経常利益のどちらを重視するかとよく聞かれるが、**為替が安定しているときは、本業の利益を表す営業利益、為替が振れているときは、内需関連は営業利益、外需比率が高いところは為替差益・差損が出やすいので経常利益を軸に見ている。**ただ、あまりナーバスに考える必要はない。

業績進捗率を見るサイトとして重宝しているのは、ヤフーファイナンスの**「株予報」**(http://kabuyoho.ifis.co.jp/)だ。東証1部上場のアイフィスジャパンが提供しているサイトで、個人的には最もお世話になっているサイトの1つだ。

私は毎日、「株予報」で、決算発表を受けて出した各社の業績進捗率の数字を見て、高い業績進捗率の銘柄をノートにピックアップしている。

2011年の東日本大震災以降、業績進捗率の高いセクターとしては、ゼネコン、食品、医薬品、運送、電鉄、介護などがあげられる。そのほか、五輪を含めたインフラ整備、生活必需品、高齢化関連、アマゾンを含めた物流活発化など、時代を映したものが素直に顔を出している。

自動車、電機、機械、精密など外需関連は、為替や景気循環に素直に左右される傾向がある。

■複数の材料、テーマ性があるかを調べる

「高い業績進捗率銘柄」から**「材料テーマを持つ銘柄」をピックアップする**のも有力な手だが、もっと欲張って、**複数の材料を持っているかどうかを調べてみよう。**

例えば、『会社四季報』やネット検索で調べてみたら、「ＡＩ」「ロボット」「ＩｏＴ」「フィンテック」の材料テーマに乗るだけでなく、意外なことに「バイオ」の材料テーマも持ち、なおかつ「高業績進捗率」、さらにそこに「増配」が加わったら、これは誰がどう見ても、遠からず人気が爆発する可能性が高いと判断できるだろう。

私も銘柄を取り上げる場合、このように複数の材料がないか、多くのテーマに引っ掛からないかと調べているが、やはり**ベースとなるのは業績**だ。いくら材料性が豊富でも、業績下方修正や赤字転落となれば売られるからだ。

安心感があるのは業績不安が乏しいものであり、最も安心感があるのは**業績進捗率の高い銘柄（業績上方修正の期待が持てる銘柄）**である。

Habit 18

黒字転換、復配・増配など変化率に敏感になる

■「地獄」から「天国」に変わる銘柄は化けることが多い

株式投資で大きな儲けが見込まれるだけでなく、痛快な醍醐味《だいごみ》を味わえるのは、投資していた「ボロ会社」（お行儀が悪い言い方かもしれないが）が企業変身することだ。優良企業が優良企業のままではサプライズはない。**相場は「変化率」が大好物だ。**

具体的にいえば、「赤字会社が黒字転換する見通し」「つい数期前まで赤字だったのにピーク利益更新が見込まれる」「長く無配だった企業が復配を達成する計画」といった具合だ。こうした**「地獄」から「天国」にステージを変える銘柄は化けることが多い。**

毎日、日本経済新聞は決算発表した各社の予想数字を掲載しているが、**今期黒字転換、復配、増配見通し**を出している企業をピックアップする。『会社四季報』をめくって、**黒**

字転換、復配、増配のコメントを出しているものをノートに書き写す。また、『会社四季報』の**配当予想欄**で「0～10円」「5～10円」など、復配、増配の可能性を示唆しているところまで書き出すことができればベストだが、もちろん、そこまでの時間がなかったら、『会社四季報』で個別に銘柄を調べるときに、「配当予想欄」まで目を通すだけでもいいだろう。

これらピックアップした銘柄群は「珠玉の山」となる可能性が高い。

もちろん、これらの情報を鵜呑みにすることなく、各社のサイトを訪問して決算短信を読み、黒字転換、復配、増配にどれだけの確度があるかを調べれば、もうそれは銘柄発掘のプロの領域に足を踏み入れたようなものである。

しかし、面白いことに、久々に復配を実施した企業、例えば、商社の兼松などがそうだが、その後、増配など株主還元に前向きになることが多いのも注目できる現象だ。経営者が株主還元の面白さに開眼するのだろうか。

■いつ創業か、設立○周年を迎えるのかを調べる

本決算を締める前、例えば、最も多い3月期決算企業でいうと、第3四半期決算発表を

行う2～3月頃が、調べるのにいいタイミングとなる。前項で紹介した「高業績進捗率銘柄（＝上方修正期待銘柄）」のなかから、**3月期末配当が「未定」の銘柄をピックアップする**。そして、前期の本決算短信の「**利益配分に関する基本方針及び当期・次期の配当**」の欄を見て、**復配に前向きなコメントが出ているかどうかを確認する**。前向きなコメントが出ている銘柄に関しては、直近の決算短信で**株主資本、利益剰余金を見てみる**。配当余力があり、仮に上方修正となると、復配となる可能性がある。

また、会社の沿革を見て、配当の当期が例えば「創業50周年」などに当たっていたら、より復配の可能性が高まる。『会社四季報』を見て、次期の業績が期待でき、次期が「設立60周年」などに当たっていたら、次期復配の可能性も出てくる。**「創業」「設立」○周年記念に当たるかどうか**も、復配、あるいは記念配当（増配）の可能性を占う大きな材料となることも頭に入れておこう。

Habit 19

決算発表シーズンは〝人質銘柄〟集めと割り切る

■決算発表に対する反応は読みづらい

年に4回、決算発表シーズンがある。3月期決算の企業が最も多く、このほか、6月期、9月期、12月期決算の企業も多い。

これら4つの期の決算のピークは、1月下旬〜2月中旬、4月下旬〜5月中旬、7月下旬〜8月中旬、10月下旬〜11月中旬の4回だ。

決算発表シーズンは売り買いがしづらい。動きが読みづらいのだ。

例えば、好決算が見込まれる銘柄の場合、決算発表前に先回り買いを入れる投資家が必ずいる。好決算が出たら、好感して株価は上がるので、そこで利益確定売りをしようという待ち伏せ買いだ。

しかし、実際に上がるかどうかはわからない。なぜなら、前日に米国株が大幅安して、その日の相場全体の地合いが悪ければ、好決算を発表しても買いが入るかどうかはわからないからだ。

仮にその日の相場全体の地合いが悪くなくても、「好材料出尽くし感」から、逆に売られるかもしれない。一時的に上げても買いが続かず、結局はマイナスで終わるかもしれない。

予想通り、好決算が出て上がっても、その日が目先の天井となってしまうかもしれないし、翌日も続伸するかもしれない。

逆に、期待外れの決算が出て売られるかもしれない。

まさに、決算発表の反応はいずれも「かもしれない」であり、**どう反応するかは丁半バクチ**。しかも、時間帯によって当たり外れが出る。

つまり、**腰を据えて売買しづらい季節**なのだ。プロの投資家によっては、「これだ」と絞り込んだ銘柄に関して、決算前に待ち伏せ買いすることもあるが、基本的には「勝てる確率が高いとき」に行くのがプロである以上、難しい決算発表の季節には、あれもこれもと撃ちまくることはない。

■好決算で買われた銘柄はいずれ買われる

決算シーズンに心掛けているのは、**好決算で買われた銘柄をピックアップしておくこと**だ。「決算発表の反応が読みづらい」と書いたが、実際は好決算を好感して上がるケースのほうが多い。しかも、業績上方修正、復配、増配なども併せて発表していたら、さらに上値を取るだろう。ただし、各社の日足を見ると、それらを好感して上げたところが目先の天井となっていることも多い。日足では**「上ヒゲ」**をつけて終わる足だ。

もちろん、続伸する場合もあるが、いずれ上げも止まる。**その銘柄もピックアップしておく**。

私は、それらの銘柄をいずれ推奨することを考えて〝人質〟として確保している。そのため**〝人質銘柄〟**と名づけた。こうした好決算、上方修正、復配、増配など好材料で上げたものは、また買われるケースが多い。好材料で買われたのだから、見直されるチャンスはほとんど間違いなく来るのだ。

ただ、再度買われるのは、上ヒゲをつけたあと、もみ合いながら値を固め、三角保ち合いを形成するなど、「買いやすいチャート」に整えてからだ。

図表11 イビデンの日足チャート

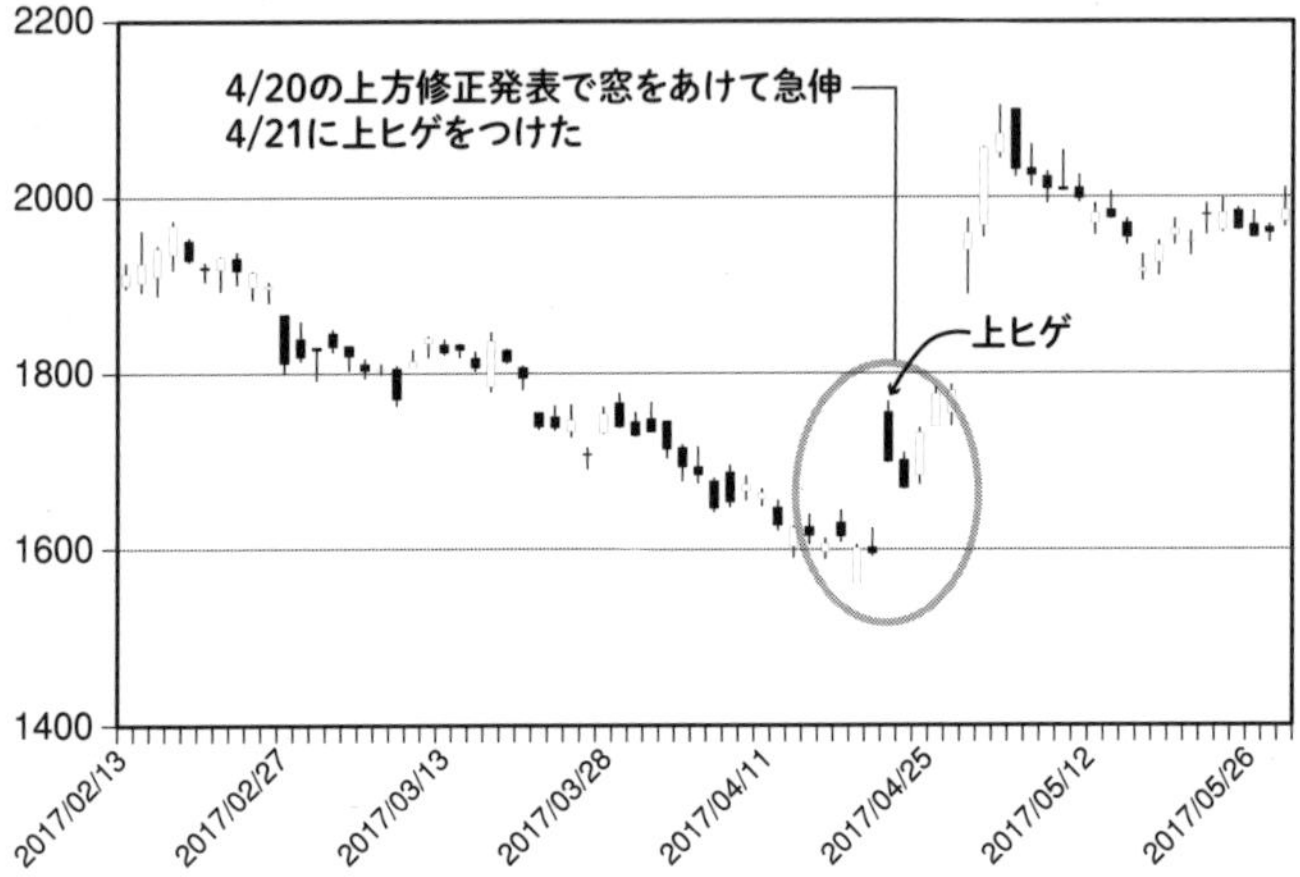

解説

4月20日に上方修正を発表、21日に上ヒゲをつけた。上ヒゲをつけてから押したものの、短期で微調整が終わり、再度、上値追い態勢に入った。イビデンのように上ヒゲをつけても短期で切り返すもの、10日〜2週間休みを入れるものなど、切り返すまでの時間は銘柄ごとに変わるが、上ヒゲ銘柄はプロも大好きだ。

Habit 20

「上ヒゲ」銘柄、下げた銘柄、怖い銘柄を狙う

■いったん火がついた銘柄はまた上がる

好決算、上方修正、復配、増配など決算絡みで上げて「上ヒゲ」をつけた銘柄は、いずれまた買われるので、前項で述べたとおり〝人質銘柄〟として収集し、三角保ち合いなど、買いやすいチャートに整ったところで奨めるが、決算関連以外の材料で買われて上ヒゲをつける銘柄もある。

また、とくに材料がなくても、上ヒゲをつけるケースもある。ただし、いずれも薄商いで上ヒゲをつけたものではなく、**出来高が伴っているもの**が注目だ。

前者では、その材料で再び買われることがある。1度買われたということは、それだけ投資家を惹《ひ》きつけた材料だからだ。後者は、出来高が伴っていることから、誰かがなんら

かの思惑で仕込んだ可能性があり、どこかで再人気化するケースが多い。

■怖い株も一転「株主重視」の経営に転換するケースも

ある材料で下げた銘柄も、売り一巡からチャンスが来ることがある。それは増資など**エクイティファイナンス**（株を発行する資金調達）**を発表した銘柄**だ。増資によって1株利益が希薄化（低下）することから売られることが多いが、ここ数年間の動きを見ると、例えば、旭硝子、太平洋セメント、荏原など、グループ全体の業容拡大のために資金を調達した企業は、売り一巡から反転し、遠からず高値更新するケースが目立ってきた。

日本に夢とロマンを与えてくれるリニア新幹線建設で資金ニーズがあるJR東海が増資を発表したら、どうだろうか？　一時的には押す（株価が下がる）だろうが、少し長い目で見れば、その押し目はおいしい拾い場となる可能性がある。前向きな増資をする企業は応援したい。

一方、怖い企業もある。『会社四季報』にも載っているが、「企業の継続性」にリスクがある企業（「継続企業の前提に関する重要事象等」「継続企業の前提に関する注記」がついている企業）だ。それらのリスクを回避するための施策については各社の本決算の短信に出ており、それが納得できる内容だったら、割り切って投資をする手はあるだろう。

ここ近年、よほどの不祥事等を起こさない限り、経営破たんする上場企業は出てこなくなったが、可能性として**破たんが皆無になったわけではない**。人気化したとき化ける銘柄もあるので、あくまでもハイリスク・ハイリターンと割り切って資金の一部を投入するプロはいるが、**個人投資家は「重要事象等」「注記」が消えてから投資をしても遅くない**。

また、東証は折に触れて、時価総額基準を満たしていないために上場廃止、あるいは1部市場から2部市場への指定替えの可能性が生じた銘柄を発表している。こうした企業はどうなるだろうか？　時価総額基準を満たさないのならば、**時価総額を上げればいい**。つまり、株価が上がれば問題がなくなる。よほど経営が傾いていない限り、上場廃止や2部転落は会社側も株主も社員も取引先も避けようとする。実際、最近では時価総額規制に抵触していた北日本紡績、カネヨウ、東洋刃物、ダイトウボウなど、株高で規制をクリアするケースも多い。

それだけではない。この危機をきっかけに、株主優待制度をつくったり、自己株式を取得したり、**株価意識が高まる企業に変化する**ケースが多くなるようだ。こうした経営姿勢の転換は評価していい。いずれまた買える局面も来るはずだ。

図表12 東洋刃物の週足チャート

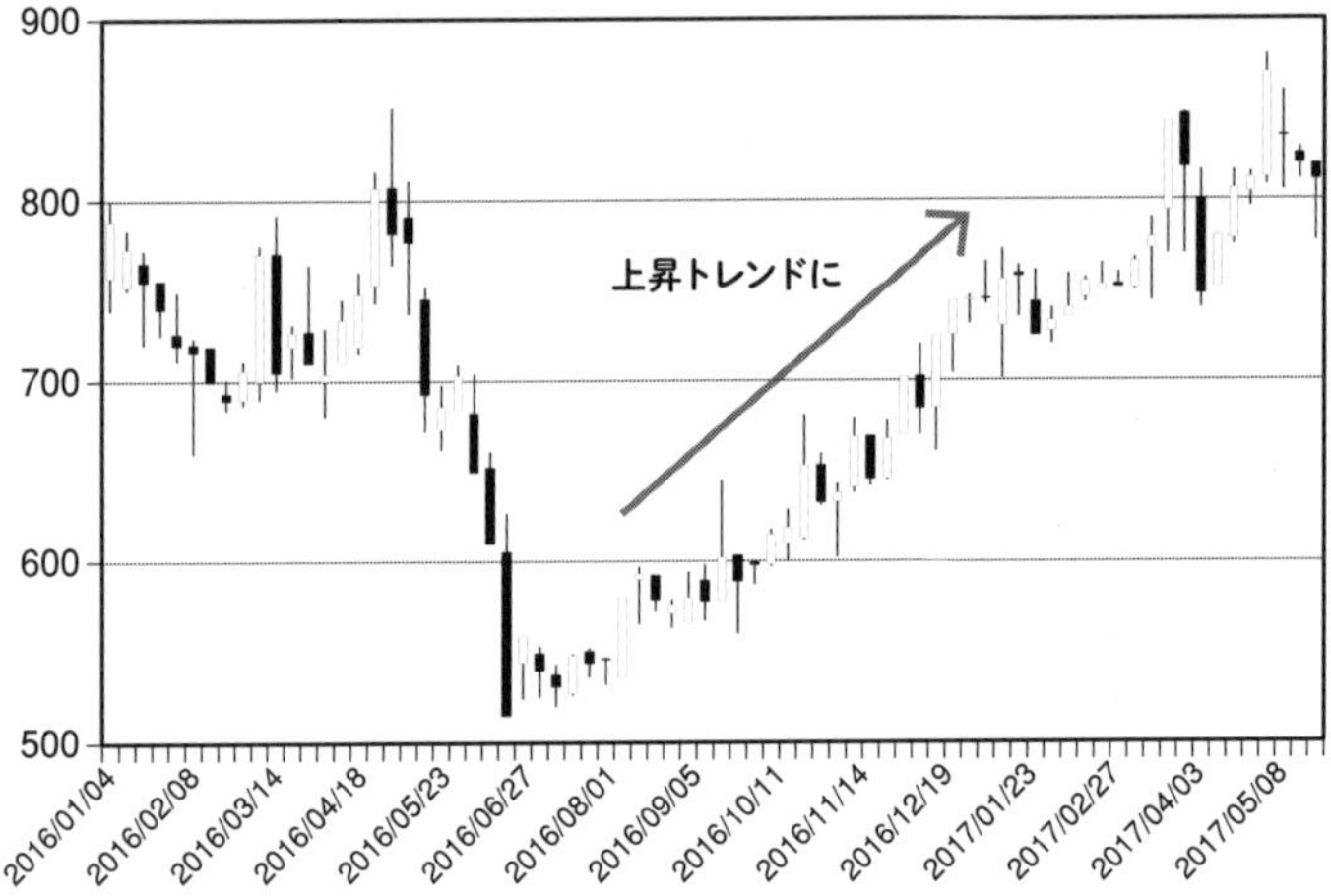

解説

東洋刃物は2016年7月1日に時価総額規制に抵触したと発表したが、そこから株価は順調に上昇トレンドに突入した。上場廃止を回避するため、本格的な株価対策に取り組み、早期復配を目指すとの経営計画を打ち出す一方で、自己株式取得枠を設定した。11月には時価総額基準をクリアし、上場廃止を回避したが、依然としてトレンドは強い。

Habit 21

「友だち銘柄」をつくる

■「いいところ、前向きなところ」を探す

長く追っている銘柄を**「友だち銘柄」**と呼んでいる。

常時、どれだけの銘柄を追っているのかというと、ざっと**100〜200銘柄**である。そのすべての「最新情報」をつかんでいるわけではないが、サイトを訪問して最新情報を仕入れれば、すぐに最新の実態をつかめるくらい付き合いが長い銘柄たちだ。

さまざまなメディアの推奨記事で取り上げる場合、「友だち銘柄」を軸にして、適宜、新しい銘柄と入れ替えをしている。

銘柄を入れ替えるのは、沈滞しないように新陳代謝が必要だという面もあるが、いくら長く付き合ってきた「友だち銘柄」でも、今期は業績面から奨められないこともあるから

だ。また、相場の流れから見て、「しばらくは流れに乗れるとは思えない。この銘柄の流れが来たら再度取り上げよう」と「間を置く」こともある。これは「絶交」するのではなく、一時、友だち関係が希薄になるだけで、いずれまた仲良くなる機会が来る。

そうした一時的に友だち関係が希薄になった潜在的な銘柄まで含めると、実際的な「友だち銘柄」は相当数になるだろう。

また、証券記者時代は、上司から「この銘柄の推奨記事を書いてほしい」という指令が来ることも多かった。そのなかにはよく知らない銘柄もあり、そのたびに調べて、友だちになる努力をした。その蓄積から、よく知らなかった銘柄ともそれほど難しくなく友だちになれるようになった。

推奨記事を書くことは、その銘柄＝企業のいいところ、明るい将来の可能性を見つけ、それを読者に対して書くことにほかならない。友だち付き合いはその人の「悪いところ」を見ていたら始まらないし、深まらない。しかし、「いいところ探し」から入れば、うまく友だち付き合いが始まり、深まるものだ。相場のありがたいところは、**「いいところ、前向きなところ探し」から入れる**ことだ。

■ほかの人の「友だち銘柄」も利用しよう

私は年に何度か株式セミナーを開いている。その際、前もって参加者に「皆さんの『友だち銘柄』を出してほしい」とお願いしている。ありがたいことに、多くの参加者から、メールでそれぞれの「友だち銘柄」が集まるようになってきた。

それらを私が調べ、研究し、セミナーで注目点を解説する。どんな流れが来たら行けるか、どんなタイミングがいいかという見方も披露する。

実は、銘柄発掘のプロと自負していても、**1人の力では限界がある**。自分の好みの銘柄に偏ってしまうこともある。

こうした皆さんの「友だち銘柄」に出会うことで、「えっ？　こんなすごい銘柄があったの？」と、それまで気づかなかった面白そうな銘柄を知ることができる。そして、そのなかから多くの銘柄が私の新しい「友だち銘柄」になってくれる。他人のものでも何でもが、自分の師匠になるということがわかるだろう。

皆さんも、**常に自分の「友だち銘柄」を持とう**。最初は20～30くらいの銘柄でいい。「友だち銘柄」を持つと、**戦いが本当に楽になる**。

Habit 22

SNSやブログで発信する

■ルールとマナーを守って参加しよう

私がネットの世界に入ったのは1997年なので、ちょうど今年で満20年となった。自分のサイト（現在休止中）を開いたのが98年で、長くネットの世界で生きてきたが、なかなかIT（情報技術）に詳しくならなかった。それでもフェイスブック、LINE、アメーバブログは継続している。ただ、フェイスブックとLINEは家族や趣味の世界にとどめ、仕事に絡んでいるのはブログの**「今日の岡本」**（http://ameblo.jp/okamoto-blog/）だけだ。

SNSやブログをやっている読者も多いだろう。株式関連のSNS、ブログを積極的に書いている個人投資家や投資顧問の友人もいる。

これまで本書では、銘柄本位制、流れ本位制、チャート&トレンド本位制の三位一体作戦による銘柄発掘法をいろいろなアプローチから紹介してきた。

もちろん、これはあくまでも私の紹介する「発掘法」であり、読者の皆さんはこれを参考に自分のオリジナリティを加えて独自の方法を編み出していただきたいが、**SNSやブログで皆さんが発掘した銘柄や「友だち銘柄」を紹介する**のも面白い。それをきっかけに、さまざまな情報も集まってくるだろう。

「みんなの株式　コミュニティ」(http://minkabu.jp/community)、ヤフーファイナンス(https://finance.yahoo.co.jp/)などの掲示板に参加する手もあるが、私自身は掲示板に書き込むことはしない。今でこそ株式掲示板はそれなりにお行儀がいいが、昔は売り方、買い方がけんかをしたり、売り煽ったり、買い煽ったりする人が多く、読むだけで気持ちが萎《な》え、読んだら「運、ツキが落ちる」と敬遠していたからだ。

それに自分1人で自由気ままにやるほうが性に合っているからでもある。もちろん、ルール、マナーを守って参加するのは自由だ。

■風説の流布と誤解されないように細心の注意を

ただ、自分のSNSやブログに書くにも、コミュニティに参加するにしても、気をつけなくてはならないのは、**風説の流布と誤解されないように細心の注意を払う**ことだ。煽るのはもってのほか、できたら断定しないほうがいい。推奨しない。紹介にとどめる。とくに文章を書くことに慣れていない人は、長々と書かないで、簡潔に書くほうがいい。そのほうが、読む人に対して親切だ。

「物色の流れはこうなっています」↓「この流れからこの銘柄はいかがでしょうか?」↓「なぜなら、こういう材料があるからです」といった感じがわかりやすい。

材料は自分で書くのではなく、**誰でも見ることができるオフィシャルなところ**、例えば、会社側のサイトに出ていたら、そのURLを貼って「材料はここをご覧ください」と、ほかの「権威」に振る。

長年、この世界で生きてきて、業界内で、それなりに知られていると自負している私も、自分のブログ「今日の岡本」についてはけっこうナーバスになって書いている。

ただし、**有料ページをつくったり、有料メールマガジンを発行するのはやめたほうがいい**。実は、私も一時、有料メルマガを発行していたが、関東財務局からの指導で中止せざるをえなくなったことがあった。

第4章

「株の情報源」を活用する習慣

Habit 23

相場こそ一番情報をくれる師匠と尊敬する

■個人投資家と同じ立場になったら相場はどう見えるか？

２０００年にフリーの経済ライターとして独立したが、２００５年頃までは「半分勤め人」のような時期もあった。先輩から「某ＩＴ企業の監査役」「某運用会社の運用担当者」「某外資系証券会社の調査部長」の仕事を、友人からは「某投資顧問のネットセミナー講師」の仕事を頼まれた。ダブってやっていた時期もあるし、単独でやっていた時期もあるが、いずれも常勤ではなく非常勤で、必要なときにのみ通勤した。

証券専門紙記者時代のように記事を書く数は減ったものの、実業（監査役）、運用、外資系、ネットセミナーと、記者以外の仕事ができたことは相場を別の面から見る機会をいただけたという意味でとてもありがたかった。そして、その時期があったことが**「ある実**

験」をしてみようという動機となった。

それまで私は証券記者として、上場企業や証券関係者を中心に多くの取材をしてきた。それで飯を食っているのだから、否応なくやらざるをえないのだが、外の空気を吸ったことで、ある考えが浮かんできた。

それは**「個人投資家とまったく同じ立場、境遇になったら、相場はどう見えるのか?」**という素朴な疑問だ。

あとで個人投資家でもできる企業取材のノウハウを取り上げるが、一般的に、個人投資家は簡単に企業取材はできないし、簡単に複数の証券関係者の話を聞くこともできない。そうであるなら、自分も個人投資家のように「孤立無援」の立場にいたら、相場がどう見えるのか——いわば「無人島」にいて、誰ともしゃべらず、あるのはネットにつながるパソコンだけという境遇に置かれたら、相場はどう見えるのかがとても気になってきた。

幸い、ネット時代に突入して、まったく目が見えない、耳も聞こえない時代ではない。個人投資家と同じ立場に立とうと思うに至り、仕事上の必要最低限の電話はせざるをえないが、それ以外は1人で相場を見るようにしてみた。06年頃から、しばらくそんな生活に入ったのだ。

■「無人島生活」でわかったこと

相棒はネットの情報だけ。果たして、それだけで相場がわかるのか？

結論をいおう。しばらくそんな「無人島生活」を送ってわかったのは、**相場自体が最も多くの情報を与えてくれて、さまざまな発想をくれる**ということだった。

しかも、相場は親切だ。**誰に対しても株価、チャート、トレンドを見せてくれる。相場の流れも教えてくれる。**

もちろん、ネット時代の前は、株式情報を得るために「日経クイック」など高価な株式ベンダーの機器を使わねばならなかったが、今はネットで無料の株式情報を得られる時代になった。「相場から直接レクチャーを受けることができる時代になったから、無人島投資生活ができるんだ。時代のおかげだよ」といわれそうだが、時代の話をしたいのではない。もっと根源的なこととして、**相場は最も多くの情報をくれる師匠である**と気づくことが大事なのだ。

相場がよく見えている人の話を聞くのも必要だが、相場そのものから話を聞くほうがもっと重要だ。

Habit 24

情報には「3種類」あることを知る

■もらう情報は2種類だが、もう1つ別の情報がある

情報には**「人からもらう情報」**と**「相場からもらう情報」**の2種類がある。私は相場の核心に近いという意味で、後者の情報のほうが大切と考えるが、前者の情報にも今まで相当助けられてきた。

ただし、「人からもらう情報」ばかりに目を奪われている市場関係者が意外と多い。とくに先輩の世代に多く見られる。

例えば、業界人との飲み会に出ると、ある銘柄情報を巡って、「その銘柄情報だったら私のほうが早く入った」と、どちらが早く情報が入ったかで張り合っている光景に出くわすことがある。

そのやり取りを見ていると、「人からもらう情報で張り合ったって、そんなの不毛な議論じゃないか」と思ってしまうが、ご本人たちは真剣だ。

人からもらう情報は、極めて重要なものであっても、自分のところに来るまでに何人の人が間に入っているかわからない。途中で、誰かが**「自分の利益に誘導する情報」を紛れ込ませているかもしれない**。早くキャッチしたとしても、それが儲かる情報になるとは限らない。逆にタイミングが早すぎて、損する場合もあるかもしれない。つまり、結果はわからない。

そして、「もらう情報」のほかに、もう1種類の情報がある。それは**「自分が発信する情報」**だ。

もらう情報も大切だが、発信する情報も大切だ。自分で発信するということは、自分で考えて判断しており、主体性があるという点でも意味が大きい。人からの情報を鵜呑みにせず、自分で考え、自分なりに消化し、そこから**自分オリジナルの情報を創造する習慣**も身につけていただきたい。

そうすれば、間違いなく、目の前にある相場の世界が広がるはずだ。

■「特別な儲かる情報」は都市伝説

人からもらう情報ばかり追っている人は、「ここだけの特別な儲かる情報」を欲しがっている。個人投資家に「そんなものは〝**都市伝説**〟だ」といっても、「本当はあるんでしょう?」と返される。

確かに、「当社には特別な情報が入る」というような宣伝をしている投資顧問など、有料系の情報会社はある。しかし、そんな情報があれば、自分で売買すればいい。門戸を広げず、限られた会員たちだけで儲けたほうが合理的だ。そもそも**「特別な情報」が存在しても、それで儲かるかどうかは別の問題**であるが……。

もし、それが「インサイダー情報」なら、それによる売買は犯罪である。

株に限らず、世の中にうまい話は転がっていない。それなのに、信じられないような詐欺ニュースがテレビで報じられる。「自分は特別」、もしくは「楽をして儲けたい」という心理が目を曇らせるのだろう。

Habit 25

「人が動かす銘柄」と「人を動かす銘柄」の両方を追う

■相場より儲けが好きか、儲けより相場が好きか

「人からもらう情報」「特別に儲かる銘柄」を追い求めている投資家が欲しがっているのは、**「人が動かす銘柄」**の情報が多い。人が動かす銘柄といえば、文字通り、「人」（それは大手証券であったり、外資系証券であったり、仕手・投機筋であったり）が買い上がって上昇する銘柄だ。

ときには会社側が「自社の株価が安すぎる」と不満を持ち、自己株式取得枠設定などをして株価上げに躍起になるケースも、人が動かす銘柄といっていい。つまり、**主役は銘柄ではなく、手掛ける人間である**ということだ。

一方の**「人を動かす銘柄」**とは、それも文字通り、「人」（それは外国人投資家、機関投

資家、個人投資家、仕手筋など、どんな範疇《はんちゅう》に入る人間かは別にして）が買いたくなる銘柄である。

なぜ買いたくなるかというと、「他社が追随できない新技術を開発した」「予想を大きく上回る業績上方修正をした」「大幅な増配に踏み切る計画」など、投資家の心を惹きつける材料を持っているからだ。この場合の**主役は、買う人間ではなく、銘柄である**。

前者の銘柄を重視する投資家は、銘柄の持つ面白さを味わうよりも、「誰がやる」「誰がやらない」という人為的な要素に注目する。その最たるものである仕手株が好きな人が多い。つまり、銘柄や相場は人が動かすものという認識が強く、相場の面白さより儲けのほうを優先するという傾向がある。

後者の銘柄が好きな投資家は、人の心をつかんだり、振り回したりする銘柄の持つダイナミズムを好む。儲けも好きだが、相場の面白さには代えられないところがある。

昔の仕手筋の多くは、人「を」動かす魅力のある銘柄であっても、札束で頬をぶっ叩くように手っ取り早く相場にしようとするあまり、結果的に、手掛ける銘柄は人「が」動かす銘柄の色彩が濃くなってしまった。

しかし、最近亡くなられた仕手筋のリーダー役の相場は痛快だった。相場の流れを重視し、人「を」動かす銘柄を取り上げるのだが、札束で頬をぶっ叩くようなことをしなくても、結果的に人「が」動かす銘柄となり、全員参加型相場に誘導するのがうまかった。

■オリジナルの「人を動かす」銘柄探しを

どちらが大切な銘柄情報だろうか？　相場本来の醍醐味が包まれているという意味では後者の銘柄のほうが味わい深い。しかし、前者の銘柄には、効率よく儲けられる確率が高いと思わせるものも多い。いずれも長所があるが、実はプロにとっては**どちらの銘柄情報も重要**だ。どちらの銘柄情報に対しても貪欲でありたい。

前者の銘柄が来たら、「なら、次はこの銘柄が来るのではないか」と**連想を働かす材料になる**。

後者の銘柄が来ても、「この流れからいうと、次はこれが来るのではないか」と、同じように連想ゲームにつなげる材料にすることもできる。さらに、それだけでなく、「何が人の心を惹きつけたのか」を分析することで、いずれ自分オリジナルの「人を動かす銘柄」の発掘につなげていくことができる。

Habit 26

無料の情報源を活用する

■世界の時間・距離を劇的に短縮したIT革命

英国の産業革命以降、蒸気機関車、自動車、航空機……約200年をかけて、それらの開発・普及が進んだことで、世界中の時間・距離を劇的に短縮した。しかし、時間・距離をさらに劇的に短縮したのがIT革命だ。前の産業革命の10分の1、約20年で人類の生活を変えた。

私自身が2000年にフリーの経済ライターとして独立できたのも、IT革命があったからだ。独立した当時は、ネットの普及が加速して、自宅で容易に情報が取れるようになったものの、まだ、仕事場は取引先の多い首都圏の近くになければ、なにかと不便だった。しかアクシデントが起きたときの対処などで都合が悪いという雰囲気が強い時代だった。しかし、今では、情報発信事業を手掛ける友人が離島に移住する計画を打ち出すなど、ネットにつながるところなら、世界中のどこで仕事をやっても支障がない時代を迎えている。

また、ネットが本格的に普及していなかった**20世紀までは、個人投資家が機関投資家などプロの運用機関と同じ土俵には立てなかった**。というより、立つ土俵がなかった。運用機関と比べて、情報量、情報速度とも違いすぎて、戦う前に勝負が決まっていた。

しかし、今はどうか？　かつては膨大な費用がかかっていた「日経クイック」などの**株式情報ベンダーは、ネット証券に口座を開くだけで、無料で自由に閲覧できる**。証券会社のサイトも「条件付き銘柄スクリーニング」など、それぞれ使い勝手のいい機能の開発にしのぎを削っている。まさに隔世の感がある。

■企業も情報企業も個人投資家争奪戦

企業の広報の姿勢も劇的に変化している。私が業界に入った1980年代前半は、総会屋排除の商法改正があったため、「日経」「朝日」「読売」など大手マスコミでないと、なかなか企業取材が取れなかった。証券専門紙記者だった私は総会屋によく間違えられて、取材のアポを取ろうとしても拒否されることがあった。80年代後半のバブル時代からバブル崩壊の90年代までは、普通に企業取材はできたが、基本はこちらからアポを取って企業訪問する形がほとんどだった。

ところが、金融危機を越えて突入した21世紀になってからは、**企業側から「決算説明会を開きますから来てください」と誘われる**ことが多くなった。単なる広報ではなく、**株主、投資家向けＩＲの部署を開設したり、ＩＲ説明会を開く企業が増えた**。これもまさに隔世の感がある、いや、こんな時代が訪れるとは想像もしていなかった。

各企業のサイトもそうだ。ネットが普及するまでは、各社の決算短信を読むために個人投資家の多くは茅場町の証券会館の閲覧室まで足を運んでいたが、今は決算短信だけでなく、各種リリースも中期経営計画も**自宅のパソコンで無料で読める**。かつては、初めて取材に行った企業からは「会社案内」をもらうようにしていたが、今では**「会社案内」以上の「会社情報」がサイトに掲載されている**。至れり尽くせりである。

無料の株式情報サイトも閲覧数が多くなればなるほど、儲けが上がる仕組みになっていることから、個人投資家向けサービスの競争も熱い。まさに、個人投資家争奪戦が続いているといっていい。

Habit 27

ネットを使ってテーマや材料を探す

■ネットの検索ページに勝る情報源はない

私がネットでよく使っている情報網はこれまでも適宜紹介してきたが、ここで全体をまとめてみたい。

一番使うのは、**グーグル、ヤフーなどの検索ページ**。この検索ページは仕事だけでなく、普通の生活のなかでもなくてはならないサイトだ。皆さんもそうだろう。

株式関連では、ネットではないが、「無人島」に持って行く本を1冊選べといわれたら、これしかない。**『会社四季報』**（それも読みやすいワイド版）。若い頃からのなくてはならない相棒だ。もっと深く掘り下げたいのならば、ネットの**「会社四季報ＯＮＬＩＮＥ」**（https://shikiho.jp/）の有料版もお奨め。

このほか、**株探**（https://kabutan.jp/）は、材料テーマ関連銘柄探しで最も重宝する。ためになる読み物が満載しているだけでなく、チャート、時系列の数字の充実度が半端ではない。しかも、年足がここまで詳しく出ているサイトはほかに見たことがない。

モーニングスター（http://www.morningstar.co.jp/）は、有料版もお奨め。外出したとき、携帯電話で最も多く見ているサイトだ。

トレイダーズ・ウェブ（http://www.traders.co.jp/）もモーニングスターと同じように全体的にうまくまとまっている。

コロ朝ニュース（http://www.koronoasa.com/）は、プロの目で厳選された情報の玉手箱。「33相場のプロは新聞を15分で読む」で紹介した「新聞読みのプロ」のサイト。

世界の株価（http://sekai-kabuka.com/）は、各国の株式、為替などのチャートが読みやすい。とくに外出したときに重宝している。

■読み物としてもテーマ探しでも面白いサイト

東証の「適時開示情報閲覧サービス」（http://www.jpx.co.jp/listing/disclosure/）は、発表した上場企業の決算、リリースが最も早く読める。

株予報（http://kabuyoho.ifis.co.jp/index.php）は、東証1部のアイフィスジャパンが提供するサイト。とくに各社の業績進捗率を調べるのに、本当にお世話になりっぱなしだ。**ストックウェザー「株価情報ナビ」**（https://www.stockweather.co.jp/index.html）は、とくにIPOページが長年の相棒になっている。

ニュース全体では、**「ダイヤモンド・オンライン」**（http://diamond.jp/）の有料版もお奨め。この本はダイヤモンド社から頼まれた本なので、試しに購読してみたら、政治・経済、国際、経営・戦略、社会などのニュースがバランスよく揃っていると感服した。

特許情報プラットフォーム**「特許・実用新案、意匠、商標の簡易検索」**（https://www.j-platpat.inpit.go.jp/web/all/top/BTmTopPage）は、特許検索でよく利用している。

このほか、時間があったらぜひ読んでもらいたいサイトは、日本の実質的な国家最先端技術開発拠点。どれも読み物として面白い。新しい時代の材料テーマ探しのヒントにもなる。プロジェクトによっては参画企業名が出ており、その個別銘柄を買う材料となるケースもある。**JAXA**（http://www.jaxa.jp/）、**NEDO**（http://www.nedo.go.jp/）、**AIST**（http://www.aist.go.jp/）、**JOGMEC**（http://www.jogmec.go.jp/）などの国立研究開発法人、独立行政法人だ。

Habit 28

ラジオ、テレビを流しっぱなしにする

■リアルタイムな情報に接することが大事

以前勤めていた証券専門紙のオフィスでは、株式情報をリアルタイムで流す「ラジオ短波」の放送が流れていた。今でも「各社の株価をお知らせする」音声が頭の奥に残っている。

現在では、ラジオ短波ではなく**「ラジオNIKKEI」**と呼ばれるようになったが、友人の市場関係者に電話をすると、ラジオNIKKEIやインターネットTVの**「ストックボイスTV」**（http://www.stockvoice.jp/）の音声が背後に聞こえてくることが多い。それらを聞くのが習慣となっているプロのマーケット関係者は多い。

私自身はラジオNIKKEI、ストックボイスTVとも、友人や知り合いがよく出演するので聞いているが、**テレビのワイドショー**（午前、昼、午後と複数の局で放送）をつけっぱなしにすることも多い。そのときどきの時事ニュースの特集が面白いこともあるが、地震が起きたときなど、**ネットよりも迅速にテロップに緊急ニュースが流れる**のも重宝している。テレビニュースではテレビ東京の平日早朝の**「モーニングサテライト」**、夜の**「ワールドビジネスサテライト」**を見るというマーケット関係者も多い。

■情報交換で情報の精度を高める

ネット、ラジオ、テレビなど、私たちマーケット関係者の活用している情報網について書いてきたが、これ以外に役立っているのが友人たちとの電話での情報のやり取りだ。

証券業界では、ほかの業界よりも知り合いと電話でやり取りする頻度が多い。市場がリアルタイムで動いていることや、先ほどまで「買い」だったものが一転して「売り」になるなど、「天候」がすぐに変わってしまうことが日常茶飯事だからだ。

また、この業界の電話のやり取り（ネットのやり取りも含む）では、それぞれが補完し合い、協力し合うことが多い。

具体的にいおう。私は銘柄の発掘や分析が得意だ。だから、例えば、友人から「多少の時間をかけても顧客に拾わせたいので、A、B、Cのどの銘柄が一番行けそうなのか分析してほしい」、あるいは「大手証券の知り合いが○○株に投資妙味があるというんだけど、どう思う?」などの質問を受けることがある。『会社四季報』を見て、その場で分析して判断する場合もあれば、少し時間をもらって、詳しく分析してから電話をし直すこともある。

このように銘柄の発掘・分析は私が主体になることが多いが、売買のタイミングを見抜く能力に卓越している友人には「どのタイミングで行くのが効率的なのか」を聞くこともあるし、外国人投資家動向に強い友人には、海外ヘッジファンドの動きについて質問することも多い。

つまり、友人たちとは、それぞれの**得意技ごとに「役割分担」をして電話で情報をやり取りする**。情報をもらいっぱなしにするのではなく、お互いの力を合わせて、より精度の高い情報に進化させていくということだ。

知り合いの個人投資家でも、情報交換し合う同じ投資家の友人がいる人も多い。その人脈は大切にしてもらいたい。

ただし、この友人たちとの情報交換において守らなければならないことがある。

Habit 29

人間関係を大切にする

■口は堅く、情報は漏らさない

前項で「友人たちとの情報交換において守らなければならないことがある」と書いたが、それは、誰が聞いても「当たり前」とうなずく「人間関係の原理原則」に沿ったものだ。しかし、わかっていても、なかなか守れない人がいる。

「多少の時間をかけても顧客に拾わせたいので、A、B、Cのどの銘柄が一番行けそうなのか分析してほしい」と友人に頼まれることがあると書いた。それに対して、自分なりにきちんと分析して友人に報告する。そして「拾い終わったら教えてほしい。**それまでは誰に対しても漏らさない**」と約束する。

友人の顧客が拾い終わったあと、仮にその銘柄が読者にとって効率よく儲けられる可能性があると判断したら、取り上げる。それは、その友人の顧客を応援するというのではない。あくまでも、その銘柄が、攻めたい流れ、攻めたいタイミングのチャートになっていたら取り上げるだけだ。私は仕手筋が奨めていようが、大手証券が注目していようが、外資系アナリストがレーティングを上げようが、誰が取り上げていても、その銘柄が読者を儲けさせてくれそうだと見たら紹介する。

お互いの情報交換の際、守るべきは、**相手の仕事の邪魔をしない**ということだ。「多少の時間をかけても顧客に拾わせたい」というなら、その間に情報漏れは絶対にしない。でも、「Aという銘柄を拾う動きが出てくると思うからマークしておいてください。仮にAを逃してしまったら、BとCもマークしてください」と周囲につい漏らしてしまう人が意外と多いのだ。「自分は情報通」と自慢したいのかもしれない。

■情報交換で「おカネ」のやり取りはしない

マーケット関係者から「この銘柄を仕込んでいきたいが、どうだろうか」と銘柄相談を受けることがある。「なら、相談を受けた銘柄を、こっそり仲のいい知人に買わせたくなりませんか?」と別の人に聞かれることがあるが、それはあってはならない。

「1万株が多ければ、1000株程度ならこっそりいいんじゃないですか」ともいわれるが、それは「1000円の万引きはよくないが、10円の万引きならいいんじゃないか」というのに等しい。いや、「こっそり買う」のは犯罪ではないから、犯罪の万引きと比較するのは妥当ではないかもしれないが、道義的な問題としては、やはり、この**「こっそり買い」はやってはいけない**ことだ。

このように口が堅い、相手の仕事の邪魔をしない。だからこそ、相談を受けることが多いし、**なかなか人にはいえない情報が集まってくる**ようになる。そうした情報が入ってくると、「この銘柄が買われたら、次はこれが来る可能性がある。それが来たら、次はこれかも」と先々のシナリオを描く材料にもなる。

また、こうした情報のやり取りでは**「おカネ」を介在させない**。もちろん、友人から書き物やセミナーの仕事をもらったら、それで飯を食っている以上、原稿・講演料はもらうが、**お互いの情報交換では「おカネ」のやり取りは絶対にしない**。「おカネ」のやり取りをしたら、長続きしなくなる。いいたいこともいえなくなるし、心もオープンにしづらくなる。ただし、もらった情報で恩恵を享受したなら、飲み会でおごり合うということくらいはしてもいいと思う。皆さんもそんな仲間をつくっていただきたい。

Habit 30

証券アナリストは「業界情報の先生」とする

■プロのアナリストは説明会で質問しない

証券アナリストは、各業種を担当して、その業種の企業訪問を行い、業界・個別企業のレポートを書き、個別企業の「売り」「買い」判断の格付け（レーティング）をするのが主な仕事だ。証券アナリストのレポート、レーティングとの付き合い方には、いくつかのポイントがある。

長年、アナリストの友人たちを見ていると、株式市場にものすごく詳しい人もいるが、株にはあまり興味がなく、担当の業界には強い、いわゆる「専門バカ」も多い。

証券記者時代に「決算説明会」によく出たが、多くはアナリストと一緒の説明会。最後の質疑応答では、アナリストからの「数字」を聞く質問がけっこう多い。

「今期の設備投資の計画額は？　具体的な投資の内容は？」というような「全体像」や「今後の展望」につながる質問ならいいが、「前期の為替の想定レートと実現レートを教えてください」など、あとで個別に財務・経理部長に電話で問い合わせればいいような些細な数字の質問をするアナリストがいる。

最も大切な質問は**「今後、どんな企業になるか」のシナリオづくりにつながるもの**のはずだ。株にも詳しいアナリストは、説明会ではわざわざ質問せず、後日、個別に質問するようにしていた。「説明会で質問したら、ほかのアナリストも知るようになる。**本当に知りたいことは個別でこっそり聞く**のがプロだ」といっていた。

■アナリストは知識を教えてくれる「先生」だ

レーティングについてはかわいそうな点がある。本来、銘柄推奨は証券会社の株式売買の拠点であるエクイティ部（できたら営業支店も）が旗を振るべきだと思うが、１９９０年代までの証券不祥事で証券会社本体が本格的な銘柄推奨をしなくなった。その銘柄推奨の役割を背負わされたのがアナリストのレーティングなのだ。

しかし、株に詳しくない人が多いアナリストに株価判断をさせるのは酷な話で、そうしたアナリストは同業他社とのPER、PBR比較で割安なものを奨める「目先の数字重視」の傾向となっていく。本来、株価判断は「今後の時代の流れ」の予測とともに、まだ花開いていない新技術、新製品に触れて「今はまだだが、将来は何かすごいことになりそう」という肌で感じる「感性」や「賭け」の部分もあるはずだ。しかし、そうしたわくわく感のあるレーティングは少ない。

また、会社側の首脳と仲良くなりすぎたためか（本人には自覚がない場合も多いが）、レーティングを甘く出しているように見えるケースもある。早く銘柄推奨の責任部署としてのエクイティ部（営業支店も）が復活してほしいものである。

ただ、「専門バカ」と書いたが、それは実は悪口ではない。私も「相場世界しか知らない専門バカ」だ。世の中には役割分担がある。アナリストの書く専門性の高いレポートはそれ自体が「芸術作品」だ。素人にもわかりやすく書いているレポートも多い。**アナリスト（とレポート）は、その業界、その技術分野の教師**である。教えてもらった知識は株式投資に役立つだけでなく、実生活でも役立ち、話題も豊富になるだろう。人生に広がりが出てくる。アナリストはそのための先生だ。そんな形態の先生が身近にいる世界は、株式の世界以外、ほとんど見当たらないだろう。

Habit 31

相場のプロは「街の投資顧問」をうまく使いこなす

■「煽り体質」は昔からの伝統

証券業界に入ったあと、最も驚いたのが街の投資顧問の広告だった。証券専門紙記者として入社したわけだが、その証券専門紙の広告の多くが投資顧問のもので、そのほとんどが「当たり屋」のオンパレード。

「当社推奨から短期で8割高、次の大化け株候補はこれだ！」「当社だけが入る政界絡みのマル秘銘柄情報。次なる銘柄を紹介！」「またまた大当たり！　次の大当たり銘柄はコード番号6○○○、お電話ください！」

今の投資顧問も、ここまで派手ではないが、**自画自賛の広告は多い**。ほかの業界では見られない広告だ。「何十銘柄も挙げていれば、ときにはどれかが暴騰する。そんなものを自慢されてもねぇ」なんていうのは、誰であろう当の投資顧問関係者だが、そんな彼らも自社サイトの掲示板に似たような威勢のいい書き込みをしている。

だから、昔から「そんなに当たるなら自分で買え」なんていう声が出てくるのは仕方ないことだ。昔から**「煽りの伝統がある業界」**という面もある。現在の投資顧問に対しては「準絶滅危惧種」という人もいる。確かに過当競争による客の取り合いで「目立つが勝ち」と考えているところも多い。しかも、昔なら、自分で株式売買をしている投資顧問の社員がいたが、今では売買は禁止されている。

株式売買だけで飯を食っていける人は数少ない。だから、できたら本業を持つべきだというのが私の考えだ。「そんなに当たるなら自分で買え」なんていう、意地悪なことはいわないで、たまたまその本業が「投資顧問」だったということを認めてあげていいのではないか。

■「自分の都合」より「客の都合」を優先しているか

街の投資顧問の広告を見て、電話をして持ち株相談をすると、「こちらから調べて電話をする」といわれるだろう。自分の電話番号を名簿に載せたくない人は拒否すればいいが、だまされない自信があって、使いこなすことを考えるなら、最初は相手のペースに乗ってもいい。

この持ち株相談の折り返しの電話で、「あなたの持っている株はダメだ。この銘柄に乗り換えろ」という返事だったら落第。仮にダメと見るならば、**「その具体的な理由と今後の展望」**、推奨する銘柄については**「相場のどんな流れから注目でき」「その銘柄の注目材料は何で」「その結果、どういう展開が予測されるか」**をわかりやすく解説できるかどうかをチェックしよう。「相手（客）のこと」を優先しているか、「自分（会社）の都合」を優先しているかは、そのトークの内容でわかる。また、会員になったら、「下げているとき」など、**アドバイスが欲しいタイミングで電話をくれるか**どうかも、いい担当者かどうかの判断材料となる。

ただし、会員になる考えがないなら、きちんと伝えるべきだ。断られることも仕事の一環であり、それで恨まれることはない。

それでも、投資顧問の友だちはいたほうがいい。私のような証券マスコミと同様に、最も情報が入りやすい業界だからだ。周囲の相場のプロを見ても、彼らの**証券人脈のなかで投資顧問の「友人比率」は高い。**

Habit 32

「株式セミナー」には自分の考えを持って臨む

■セミナーは「しゃべる時間」より「準備時間」のほうが長い

株式セミナーでの講師役の仕事は30年ほど前からやってきた。やってきたというより、当初は勤めていた証券専門紙の上司から仕事の一環としてやらされたというのが正しい。ほとんどの相手は、証券会社の支店。こちらのもらう講演料はタダ。「無料セミナーをやってくれれば新聞購読部数を増やす」という約束でのセミナーだ。当時はバブル時代、多くのニーズがあった。若手の私もひっきりなしにやらされた。

その後は、知り合いとなった証券会社や投資顧問などから直接やってくれとのオファーも入るようになった。こちらは講演料が出る。つまりバイトだ。会社からは何も言われなかった。上司や同僚も同じようにセミナーのバイトをしていたからだ。

フリーの経済ライターとなったあとも継続的にセミナーを続けている。セミナー後の懇親会（飲み会）も楽しい。とくに、十数年続けている年4回の恒例のセミナーは定員数を限定しているため、参加している常連の投資家同士がいつの間にか仲良しになっている。

さて、1時間のセミナーでしゃべる場合、どれだけの準備時間が必要か？　そのときの相場の地合いによっても多少は変わるだろうが、**講師はセミナー時間の数倍（＝数時間）は準備に費やす**はずだ。

まず、しゃべりたい内容の項目＝キーワードを決める。「相場の流れをつかむために必要なのは、買われている銘柄の共通項＝キーワード」を探すことだと書いたが、どんな仕事でも**「キーワード探し」がポイント**だ。キーワード1つにつき、3～5分しゃべるとすると、20のキーワードが決まれば、60分～1時間40分しゃべれる計算となる。その後、注目銘柄を選定し、業績、材料、チャートなどを調べる。それらを踏まえて、レジュメをまとめる。その後、レジュメを読みながら、バーチャルセミナーをする。私の場合、自室、セミナー会場に行くまでの電車のなか、会場に着いたあとの3度だ。ほかの方々も似たようなものだろう。普通に準備するだけで、実際のセミナー時間の数倍の時間がかかる。

■「自分はこう思う、こう考える」という習慣が身を助ける

ただ、「どんな情報でも鵜呑みにしない」と述べたように、セミナーも鵜呑みにしてはいけない。「今後の相場を予測するための叩き台」を提示しているにすぎない。「叩き台なら聞く必要がないのではないか」といわれそうだが、**相場の勉強の席では、誰かが「叩き台」をつくり、見せる役を果たさなくてはならない**。人生、どこでも役割分担だ。

通常、セミナーの最後には質疑応答がある。ほとんどは「引っ掛かっている銘柄をどうすべきか」「この銘柄、どこまで上がるか」といったものだ。前者は「『しまった、失敗した』と思ったら売り」、後者は「上がっている株はどこまで上がるかわからない。下げ転換するまで持続」としか答えられない。ただし、自分のセミナーの質問コーナーでお願いしていることがある。それは**「自分はこう考えますが、岡本さんはどう考えますか?」**と質問してくださいということ。

つまり、どんな質問でもいい。**「自分はこう考えている」という部分がないと、成長しないし、質問を受けた講師も成長しない**。質疑応答に限らず、何事に対しても「自分はこう思う、こう考える」という習慣は間違いなく身を助けてくれる。

Habit 33

相場のプロは新聞を15分で読む

■新聞はポイントをつかんで読む

元々、証券営業マンで、その日の新聞各紙の記事のポイントをピックアップしてFAXしていた友人がいる。のちに、新聞記事をはじめとしたさまざまな情報を発信する会社を立ち上げた。今も毎朝3時起きで各紙を読み、注目記事をまとめている。新聞を主体にした「記事」を料理するプロとして30年以上活躍し、『儲けにつながる「日本経済新聞」の読み方』という小冊子も出している。

もちろん、相場に影響を与えるため、私も日本経済新聞を読んでいるが、重要そうなところをざっと読んでいるだけ。しかし、彼は少なくとも数十ページは吟味して読んでいる。年間で換算すると、万単位のページを読んで、まとめている「新聞読みのプロ」といえる。

彼のいう「日経新聞の読み方」のポイントを紹介しよう。ほかの新聞にも応用できる。「マーケットの総合面だけでなく、すべてが相場に直結しているだけに全ページに目を配る必要がある」という。「こういうと、大変に思われるかもしれないが、読むときに**『どんな銘柄が関連するか』を意識しながら、ポイントをつかんでいけば、15分で済む**。慣れれば、『読解力』も深まり、読むことが面白くなる」

「1〜3面に時代、政治、経済、国際情勢など『大きな流れ』が記されている。まずは、**見出しだけでも読んで、大雑把に流れを把握する。**そこから相場に影響を与えるニュースを絞り込んでいく。とくに大切なのは**『国策に売りなし』といわれるように、国策ニュースだ**。そうした相場に刺激を与える記事をベースに、今度は**関連セクター、関連銘柄を探す**」。その銘柄発掘法については「第3章」を復習していただきたい。

「個別企業の業績記事からは、**上方（下方）修正が出たら、同業他社も上方（下方）修正する可能性があるのかを調べ、ある面白い新技術ニュースが出たら、同じ分野の技術を開発している企業や連想できる技術を開発している企業をネット検索する**。ある個別銘柄が人気化すると、連想ゲームで広がるのが相場だからだ。**商品面もチェック**。製品価格値上げ→関連業種の株価も上昇というパターンもよくある」

■年1回、日経新聞に首ったけの季節がある

私にとって日経新聞に首ったけという特別な季節がある。それは4月下旬～5月中旬だ。企業の決算期で最も多いのは3月期。4月下旬～5月中旬が3月期決算の発表時期に当たる。先にも書いたが、私の最も注目する銘柄の1つは、業績進捗率の高い銘柄だ。しかし、この時期、3月期決算企業は次期の決算予想数字は出すが、まだスタートしたばかりで、業績進捗率は出ない。そこで、私は**日経新聞に掲載されている3月期企業の次期の3月期決算予想を見て、黒字転換、大幅増益、復配、増配などの「変化率の大きな予想」を出している銘柄をピックアップ**して、ノートに書き写している。

多い日には数百社の企業が決算発表するので、数字欄を見ているだけで、目がちかちかし、頭がふらふらすることがあるが、非常に大切な作業なので手を抜かずにじっくり手掛けている。**ノートに書き記した銘柄に「友だち銘柄」があったら、優先してそこの決算短信を読む**。変化率の高いセクターがあったら、その理由を調べる。そのセクターに「友だち銘柄」が少なかったら、**新しい「友だち銘柄」を探す**。このように、この時期は忙しいが、新しい出会い（新しい友だち銘柄）があるので、毎年楽しみにしている。

Habit 34

「IR担当者」に取材してみる

■個人投資家もIR担当者に取材してみる

以前、こう提唱したことがある。

「ネット社会の本格到来もあり、21世紀になって顕著になったのは、企業が株高を志向し、投資家向け広報（IR）活動を強化する（個人投資家重視の姿勢を高めている）ことだ」↓「ならば、それに呼応して個人投資家も積極的に企業のIR担当部署に電話取材していいのではないか」↓「仮にIRの対応が悪かったら、投資しなければいいだけの話だ」

今でも**個人投資家の電話取材はお奨め**だと思っている。投資家のために企業のIR担当部署は働いている。彼らの仕事が増えれば、企業のIRもさらに強化されるだろうし、彼らも個人投資家のさまざまな意見を汲み取れるようになり、IRもさらに改善されるだろう。ただ、そうはいっても、電話取材に慣れている個人投資家は少ないだろうし、電話することに大きなストレスを感じる人も多いだろう。

私は取材のプロとして相当量の取材をこなしてきたが、実は、若い頃、取材がスムーズにいかなくなる時期があった。笑い話のようだが、取材に行く前に調べすぎて、取材に行っても、「何もかも調べてしまって、何を聞いたらいいのかわからない」時期があったのだ。もちろん、これは私の行きすぎであり、ミスだ。

しかし、その後は、話がスムーズにいくように業界用語、技術的な専門用語などを頭に入れて訪問するようにした。基本的に**「わからないこと」「聞きたいこと」「読者に伝えたいこと」を「キーワード」にまとめて聞く**、普通の取材の流れに戻した。

■サイトを徹底的に調べるだけでも十分

個人投資家は「私のミスった戦法」を取っていいのではないか。注目企業のＩＲ担当者にわざわざ電話取材しなくても、**「何もかも調べてしまって、何を聞いたらいいのかわからない」ところまで調べ尽くせばいい**。それは、今の時代、難しくない。企業のサイトを徹底的に読み尽くすことだ。

前準備として、業界用語、技術的な専門用語を頭に叩き込んでおけば、難しいことではない。記事を書くわけではないので、すべてを厳密に理解することはない。大雑把につかむだけで十分だ。しかも、何十銘柄も調べ尽くせというのではない。当初、**徹底的に研究し尽くすのは「友だち銘柄」でいい**。次第に数を増やしていけば、いつの間にか、すごい数になっているだろう。

それでもどうしてもわからない、教えてもらいたい疑問点が出てくるかもしれない。そのとき初めてIR担当部署に電話すればいい。また、今は**IR担当部署にメールで質問できる**企業も多い。メールで質問してもいい。しかも、「もうほとんどは聞くことない、もうほとんど知っている段階」になっているのだから、質問事項も具体的にわかりやすく、数も絞り込めているはずだ。これならIR担当部署も答えやすい。

IR担当部署に電話取材しなくてはならないといったように、何事も義務感が先に立ってはスムーズに先に進めない。まずは**簡単にできることから始めれば、次のステージに行きやすくなる**ものだ。

Habit 35

『会社四季報』や決算短信からIRへの質問事項を探す

■「叩き台となる言葉」があると質問しやすい

前項では「わざわざIR担当部署に電話取材しなくてもサイトで調べるだけでも十分だ」と書いたが、「IR担当部署に積極的に電話取材したい」という方もいるだろう。取材のプロとして初歩的なテクニックをお教えする。

「叩き台となる言葉」があると質問がしやすい。例えば、『会社四季報』に出ているコメントを叩き台にする。「四季報には『○○』と書いてありますが、具体的な内容をもっと詳しく教えてください」「『四季報に配当性向5割がメド』と書いてありますが、今期の配当性向予想は4割です。増配の可能性が高いということですか」といった質問をすればいい。ただし、これだけでは質問がぶつ切りで終わってしまう傾向がある。

叩き台といえば、**決算短信もいい叩き台になる**。「決算短信を読みますと、①今期は30％営業増益見通しを出していますが、部門ごとの収益予想を教えてください。②『今後の見通し』に『新製品攻勢をかけるとともに、積極的なM＆A、提携戦略を取っていく』と出ていますが、具体的にどんな期待の新製品があるのか、M＆A、提携戦略は、とくにどの事業分野で進めて行くのか、具体的な案件はあるのか教えてください。③『会社の対処すべき課題』に『季節的に収益が変動する不安定な収益体質を改善すること』と書いてありますが、具体的にはどういった施策を講じるのでしょうか」などと質問する。M＆A、提携戦略の具体的な案件については「インサイダー情報」とかぶるので、答えてくれないだろうが、なんらかの反応、アクションが感じられれば十分だ。

このように叩き台があると、質問しやすい。また、叩き台を提示したあと、**「具体的に教えてください」**と「具体的」なところがわかるような取材を進めるのがいいだろう。

■新技術取材は時系列で質問する

新技術取材までできたら、もう取材のプロに近い。理系の方なら、新技術取材ができる人もいるだろうが、私は個人投資家にはそこまでは求めない。ただ、どうしてもやりたいというなら、文系の私でもわかりやすかった新技術取材の流れを紹介しよう。

まず、その新技術が従来のどの技術の延長線上に出てきたのか、具体的にどんな技術で、開発現状はどうで、将来展望はどうか、大型製品の期待が持てるのかどうか……**新技術の「親」「内容」「現状」「未来の姿」という時系列で話を聞く**とわかりやすい。ただ、「親」がいない場合もある。それは、これまで手掛けていなかったまったく新しい分野を開拓するなかで生まれたもので、他社から買い取った新技術や、買収した企業がその新技術を持っていたなどのケースだ。

ついでというわけではないが、質問の最後に**「現在の御社の株価をどう思っているのか」**とさらりと聞くのも面白い。

「株価はマーケットが決めることで、コメントできるものではない」というのが教科書的な答えだろう。これは可でもなく不可でもない答えだ。

「株価水準は安く思う。できる限り株価水準を上げていけるように努力したい」という答えをしてくれる企業なら「優」だ。**株価意識が高い企業は評価できる。**

第5章

「相場の季節・循環」を味方にする

Habit 36

決算発表とヘッジファンドの換金売りに注目する

■ヘッジファンドの換金売りが一巡すれば、相場は明るくなる

私は定期的な株式セミナーを年に4回開催している。独立して18年目に入ったが、この年4回のセミナーはここ十数年続けている。開催時期は2月中旬、5月中旬、8月中旬、11月中旬で、都合によって下旬にずれ込むときもある。なぜ、それらの時期にセミナーを開いているかというと、その時期は年4回訪れる決算シーズンの直後に当たるからだ。決算発表に対する株価の反応は読みづらく、売買もやりづらい季節であるが、決算が終われば、それぞれの決算内容をじっくり調査する時間もできるので、セミナーで自信を持って注目銘柄を紹介しやすい利点がある。

しかし、理由はそれだけではない。東証1部市場の売買シェアの過半を握っている外国

人投資家の存在があるからだ。

外国人投資家の中心勢力はヘッジファンドで、そのヘッジファンドには**「45日ルール」**というものがある（30日ルールの場合もある）。年に4回、通常は3月、6月、9月、12月にヘッジファンドの顧客は解約できるが、それに合わせてヘッジファンド側は解約日の45日前までに換金売りを終えておくのが恒例だ。例えば、12月末に解約する場合、45日前の11月15日までに換金売りをする。つまり、**決算発表ラッシュで売買がやりづらい季節とヘッジファンドの換金売りが出やすい季節がダブっている**。だから、この「ダブル季節」が通過したときにセミナーを開くようにしているわけだ。

■「ハロウィンで買って桜で売れ」は至言

とくに、年内最後のヘッジファンドの換金売りが出やすい10～11月に、相場が下落するケースが多い。例えば、私が独立した2000年以降、17回の相場があったが、**そのすべてで10～11月に相場は下げている**。しかも、大相場を演じた03年、05年のように浅い押し（下げ）の年もあったが、総じて深い押しを入れる年が多い。米国では「ハロウィン（10月31日）で買って桜で売れ」という格言があるが、結果的に至言となっている。

実は、10〜11月によく波乱が起きることは、いろいろなメディアで何度も書いてきたし、セミナーのお客さんにも「年に4回、格好の拾い場となる確率が高いときにセミナーを開く。とくに面白いのは11月中旬のセミナー」といい続けてきたものの、多くの市場関係者からは無視されてきた。理屈で説明がしづらいアノマリーだからというのだが、ヘッジファンドの換金売りと、リズムが取りづらい決算シーズンということで、ある程度の説明がつくと思うのだが……。ただ、最近は、10〜11月の波乱について言及するマーケット関係者も多くなってきたようだ。

むしろ、すごいと思ったのが、個人投資家だ。毎年、相場が悪いことが多いことから、11月中旬のセミナーはガラガラなことがほとんどだった。ところが、2012年11月中旬にやったセミナーから満員御礼が続いている。当時は経済無策の民主党政権時で、相場はどん底だった。そんなどん底なのに個人投資家はやって来た。さすがに自分のおカネを賭けているだけある。そこらのマーケット関係者より敏感に相場の息吹を感じている。**10〜11月の押し場面が格好の拾い場**だと気づいたのだ。奇しくも、12年11月のセミナーのあと、当時の野田首相は衆議院を解散し、アベノミクス相場に突入した。

Habit 37

セミナーのプロは秋に株を奨める

■数年に1度は大きな危機、ショックが起きる

10〜11月に相場は波乱になりやすいと指摘したが、さらに秋全体にまで広げて見ると、**海外で大きな危機やショックが起きることが多い。**

「陰謀史観」、あるいは「陰謀論」という考え方がある。30〜40年前にはこうした陰謀史観の本がはやった時期があり、ミステリー的な面白さがあって、私も何冊か読んだ。

世の中で何かきな臭いこと、不思議なことが起きると、飲み屋で友人たちと「ユダヤの陰謀じゃないか」「いや、フリーメイソンの陰謀だ」「イルミナティの陰謀じゃないの」なんて話半分でわいわい議論したことを思い出す。もちろん、そんなことが実際にあるのかはわからないし、確認のしようがない。

また、面白いことに、**数年に1回、何らかの大きなショックが起きている。**

私がこの株の世界に入った1982年はショックというほどではなかったが、先進国のなかで最も早く第2次オイルショックから立ち直った反動で、日本株は下げ相場に突っ込んでいた。まさに私の証券人生は底からのスタートだったが、その5年後の87年10月に史上最大規模の世界的株価大暴落(ブラックマンデー)が起きた。91年1月は湾岸戦争開始、92年は日本株がバブル崩壊の三段下げを演じ、完全にバブルが崩壊して、失われた20年強に突入した年だった。95年1月は阪神淡路大震災、97〜98年は山一證券の自主廃業など日本の金融危機、アジア通貨危機、2001年9月は同時多発テロ、03年は4月にソニー・ショック(下方修正ショック)、5月にりそな銀行ショック(国有化)、07年秋にサブプライムローン問題表面化、08年9月にリーマン・ショック、11年3月は東日本大震災、15年夏以降は中国バブル崩壊・米国金利上昇懸念、17年4月に北朝鮮危機が浮上した。

■秋の波乱のあとの相場は晴れ間が広がる

危機やショックが襲ってきやすいのは、季節的にいって先ほど書いた**秋**と**年前半**が多い。戦前の1929年のウォール街大暴落も10月から始まっている。

「もともと需給的に調整しやすい秋に危機やショックを起こせば、大儲けできると仕掛けるところがあるのかもしれない」と書くと、まさに「陰謀史観」に毒されていると誤解されそうだが、秋は需給的に危機、ショックに対する耐性に乏しく、海外、とくに米国にとって「鬼門の季節」というトラウマが働きやすいだけに、ナーバスにならざるをえない季節だといえる。

マーケット関係者が「秋が波乱になりやすい」ことをあまりしゃべりたがらないのは、「これらのアノマリー」が影響しているのかもしれない。

ただ、**秋のきつい季節が過ぎると、途端に明るい風景が広がり、年末年始まで晴れ間の日が続く相場になる**ことが多い。

とくに10~11月は全体的に売られるパターンになることが多く、その売りが一巡すると、まず金融株、次に主力株、さらに低位材料株、新興株と幅広く循環して、戻してから上げる相場に移行することが多い。

こうしたリズムが読みやすいため、11月中旬のセミナーは自分にとって自信のあるセミナーだ。

Habit 38

配当と値上がりの「往復ビンタ」を狙う

■期末は「往復ビンタ」で取れるチャンス

11月中旬のセミナーは自信があると書いたが、毎年繰り返す10～11月の調整相場はまんべんなく下げるので、全体相場の戻りのシグナルをうまくキャッチすれば、よほどひどい銘柄を取り上げない限り、上昇相場に乗るのはそれほど難しいことではない。

しかし、個人的に**最も面白いのは、2月中旬のセミナー**だ。実は11月のセミナーよりも自信がある。自信云々よりも、調べれば調べるほど、これほど努力が報われるセミナーはないことから、とてもやりがいがある。

このときの銘柄選定はわかりやすくて明快だ。

2月中旬、最も多い3月期決算企業は、第3四半期（10～12月期）の決算発表を終えている。もちろん、業績進捗率が出る。進捗率のチェックでいつもお世話になっている「株予報」（http://kabuyoho.ifis.co.jp/）のサイトを見て、3月期決算企業で高い進捗率のものをピックアップする。

季節的に第4四半期（1〜3月）が収益的な不需要期に当たっているところや、アパレルなど季節ものの製品を扱っているところなどは、期末に商品廃棄・評価損が出ることがあるので、その点は注意する必要があるが、それでも大きな進捗率だったら、そうした企業も取り上げることが多い。3月期末に公共投資事業の収益が集中するゼネコンなど**公共投資関連で進捗率が高いところは、上方修正する可能性が極めて高い**ので、よけいに自信がある。実際、上方修正だけでなく、増配までを発表したゼネコンもあった。

進捗率が高く、業績上方修正の期待が持てるもので、3月期末に有配（できたら株主優待もあればいい）の銘柄について、チャートなどで攻めたいタイミングにあれば、セミナーで取り上げる。勝率はかなりのものだ。

作戦としては、3月期末配当を取り、なおかつ4月以降、業績の上方修正で株価の値上がり益も取る。そんな**「往復ビンタ」が狙える銘柄**を軸に作戦を立てる。

仮に、**配当前に上方修正で上がったら、配当をもらわずに利食ってもいい**。つまり、期末接近時では、こうした銘柄はいろいろ柔軟に対応できるため、戦いやすい。

また、できたら『会社四季報』などで次期の業績予想を確認しておいたほうがいい。次期も明るい見通しなら、長い付き合いの**「友だち銘柄」になってもらえばいい**。どんな相場でも「友だち銘柄」と出会えるチャンスはある。

■他の決算期銘柄でも応用して戦いたい

もちろん、これは、ほかの決算期の銘柄にも応用できるし、相場のプロも応用して1年中戦っている。

例えば、12月期決算のものだったら、12月期末に向けて有配で高進捗率の銘柄を仕込む。12月期末配当を取り、なおかつ1月以降、業績の上方修正で株価の値上がり益も狙える**「往復ビンタ」銘柄**となる。

さまざまな期の銘柄で、こうした戦い方を身につけることができれば、**いろいろなところで稼げる**ようになり、投資は格段に楽になる。

Habit 39

「減益予想銘柄」からもチャンスをつかむ

■決算予想数字で気をつけること

長年、この業界にいると、「強気な決算予想」を出す企業、「保守的な決算予想」を出す企業に分かれていることに気づく。前者は新興系、オーナー系企業が多く、後者はどちらかというと、歴史が長い企業が多い。

前者の企業は、決算発表で強気な予想が出る可能性が高いので、**決算直前に「待ち伏せ買い」する**相場のプロもいる。ただ、強気な予想を出すことが多いだけに、**期中に下方修正するリスクもある**ので、業績進捗率をマークする必要がある。後者の企業はそれとは逆の発想で対処する。

また、減益予想を出している企業との付き合い方もある。期末が接近するにつれて、下方修正懸念が出てくることには注意したい。「今期は減益見通しだが、来期以降の収益改善を確実にするため、今期中に出せるだけの膿を出し切ってしまおう」と考える経営者は多いはずだ。その膿出しによる構造改革費用の計上＝特別損失などが計上され、下方修正するケースも出てくる。仮に下方修正した場合、投げが出て株価が下がる場面もあろう。しかし、そこが**底になる可能性が高い**。ここでほとんど悪材料が出尽くしたと見られるからだ。

プロはこうした**「最後の下方修正による下げ」**を狙っている。証券史上において下方修正で暴落したケースで有名なのは２００３年４月の**ソニー・ショック（下方修正ショック）**だ。当時、怖くて出動できる投資家はほとんどいなかったが、そのショック後、ソニーの株価は大底をつけ、反転の足を鮮明にした。

■「もう今期は終わる」「次期の収益改善に注目」の発想も

減益予想銘柄にとってチャンスの季節がある。例えば、３月期決算で減益予想の企業があったとする。『会社四季報』などを見て、次期以降、収益改善の可能性が高い企業をピックアップする。

私がそうした銘柄を各メディアで取り上げるのは、**2月以降**だ。2月に取り上げた場合、「今期は減益予想だが、もう今期は来月で終わる」、3月に取り上げた場合、「今期は減益予想だが、もう今期は今月で終わる」、4月以降に取り上げた場合、「前期は減益予想だが、もう前期は終わった」と書き、「ここから注目すべきは次期以降の収益の改善だ」と次期以降の展望に話を持っていく。

ここで取り上げておけば、私にとって次期に何度も取り上げられる「友だち銘柄」にすることができるし、投資家にとっても**次期に何度も売買できる「友だち銘柄」にすることができる**。そんなメリットも生じる。

先にも書いたが、3月期末に向けては、**有配で高い業績進捗率の銘柄**を注目するとともに、有配で次期の収益が改善する可能性が高い銘柄もマークする。期末明け以降は**無配でも、次期の収益が改善する可能性が高い銘柄**も合わせてマークする。

もちろん、このやり方は3月期決算以外の企業にも応用ができる。

減益予想でも、このように相場のプロは「稼げる季節」をつかんでいる。

Habit 40

相場のプロはイベントを利用する

■金融政策会合の前は売りづらく、あとは売りやすい

「国策に売りなし」というように、国策が相場テーマになることが多い。日本という国家だけでなく、同盟国の米国、隣の大国の中国、さらにEUなどの動向に相場が左右されるケースが多い。だから、相場のプロは**それらのパワーには逆らわない。**

例えば、日米欧の金融政策決定会合、日銀だったら**日銀金融政策決定会合**を注目する。米国では**FOMC（連邦公開市場委員会）**。これらは約6週間ごとに2日間開催される。ユーロ圏では**ECB（欧州中央銀行）理事会**が月に1回、1日ないし2日続けて開催される。いずれも世界経済や株式市場が波乱になっていた場合、それぞれの金融当局が金融政策を発動することで、それらの波乱を収めようとする可能性がある。そのため、それらの

会合前（とくに**日本株の場合、日銀金融政策決定会合、米FOMCの前**）に「売り崩そう」という動きはあまり出ない。G20、G7などの国際会議前も「何が決定されるかわからない」ことから「売り崩す」動きは出づらい。

しかし、**金融政策決定会合、G20、G7後に「売り崩す」動きが出る**ことがある。世界経済や株式市場に波乱の芽があっても、金融政策が「現状維持」で何も動かなかった場合、売られやすい。これらの金融当局の政策決定会合は、基本的に約6週間ごとに行われる。次の会議までタイムラグがあるからだ。

また、毎月、第1金曜日に発表される**米雇用統計**を注目する投資家も多い。米国の経済政策、とくに金融政策を変更するきっかけになることが多いからだ。**雇用統計**が発表される月の第1週の中盤から後半は、雇用統計待ちとなり、売買を手控えるケースが多い。

■危機も一過性で終われば、相場は反転する

日本の同盟国、いや、実質的な親分ともいえる米国の動きに日本株が左右される傾向があるが、4年に1回の米国の中間選挙、その4年後に訪れる大統領選挙のリズムは覚えておいていい。**大統領選挙の前年の株式相場は高くなる傾向がある。**とくに1932年以降

は、顕著に株高となっているとの統計が出ている。中間選挙の前年も高いことが多い。

現大統領が再選するため、後継大統領候補が当選するため、もしくは、与党が中間選挙に勝つために、景気刺激策を講じ、株高政策に舵《かじ》を切るからだといわれている。逆に**怖いのは、新大統領が就任した年**だ。政権交代があった場合、一時的に政策の「断層」ができることがある。新大統領が張り切って「やりすぎてしまう」ことも要因だ。

戦前では大恐慌が始まった1929年がそうだ。戦後では61年のピッグス湾事件、これが翌年のキューバ危機の導火線となった。65年はベトナム戦争の米軍の戦線が本格的に拡大、2001年は同時多発テロ。米国の「敵」が新大統領を追い込もうとする動きがあるのかもしれない。実際、トランプ新大統領登場の17年には北朝鮮危機が勃発した。

こうした危機のあとの相場に関しては、1973年の第4次中東戦争、2001年の同時多発テロのあとのように、パフォーマンスがよくないケースもある。前者は石油禁輸措置→第1次オイルショック→世界経済悪化、後者は「いつ終わるかわからないテロとの戦いが本格スタート」と、見えづらい長い戦いが始まったことが経済悪化の背景だ。しかし、キューバ危機のときは、1年後に「S&P500指数」は34%上昇した。深刻に見えても、**危機が一過性で終わると、株式は反転する**ことを相場のプロは歴史から学んでいる。

第6章

プロが実践する「売り買い」の習慣

Habit 41

1人勝ちより共存共栄のほうがいい結果が出る

■運用はさまざまに絡み合う「心理戦」

私がやや苦手にしている分野は、株式運用の実践だ。ただ、ありがたいことに、機関投資家など「運用のプロ」や、株式投資で生活している個人投資家、仕手筋など「投資のプロ」の取材相手は数多い。しかも、40年近く彼らを取材するだけでなく、一緒にネオン街を飲み歩いてきた。彼らからこれまで教えてもらったこと、さらに新たに取材したことなどを紹介していきたい。「なるほどね」と納得しやすい話もあるし、逆に「えっ、本当?」と思う話もあるだろう。いずれも**「心理戦」**という共通項を持っている。

運用・投資の世界では、「自分との戦い」とともに、**「相手と自分との戦い」**の場合もあれば、**「不特定多数と自分との戦い」**の場合もある。どちらもお互いの心理の探り合い、惑わし合い、誘導がある。しかし、最終的に「自分さえ儲かればいい」という姿勢ではないほうがいい。それよりも「自分の銘柄を買ってくれた人も儲かってほしい」という共存共栄の精神で行ったほうが、いい結果に終わるという運用のプロが多い。「戦いの道」より「共存の道」だ。

「〝魚の頭と尾はくれてやれ〟だ。自分だけの1人勝ちではなく、自分の保有株を買ってくれた人たちも儲けてくれたほうが精神衛生上いい。マーケット全体の資金がうまく回転している感じがするからだ。あとで、その銘柄に投資したとき、その利食った投資家がまた買ってくれるかはわからないが、買ってくれているような流れを感じることが多い」

知り合いのプロたちはこういっている。もちろん、それが正しいかどうかは誰も確認できないが、運用のプロは「そう感じているほうが**運用のリズムをつかみやすい**」のだ。

■プロは出来高急増から「人」「銘柄」を見る

投資のプロたちが最も重視しているのは**出来高**だ。先に「株価は（買い方によって）ある程度ごまかしがきくが、出来高はごまかせない」と書いたが、出来高が膨らむ要因は、①業績上方修正や新技術開発など好材料が出た、②証券アナリストがレーティングを上げた、③自社株買いや東証マザーズ市場から1部市場への指定替えを発表したなど、なんらかの買い材料（下げている場合は売り材料）が出た場合だ。そのほかに、材料が見当たらないのに、いきなり商いが増加するケースもある。

いずれも「誰かが買ったから出来高が膨らんだ」わけだ。材料に反応して上がった場合は、**「その材料でどこまで買えるか」「上がってしまい、買いづらかったら、どの水準まで下がったら買いいか」**を判断する。

材料が見当たらないのに出来高が急速に膨らんだときは、単に「仕手筋が入ったのか」と「買った人」ばかりを見るのではなく、**「なぜこの銘柄が買われたのか」「相場の流れに乗るのか」「新しい相場の流れをつくる候補銘柄として買われたのか」**など**「銘柄」から見る**ことも必要だ。

出来高の次に重視するのは、当然、**株価の動き（＝チャート）**であり、**チャートトレンド**だ。売買の板をどうこなしていくかで、そのチャートやチャートトレンドが形成される。その板をどう読むかを探っていこう。

Habit 42

出来高のある板を見続ける

■自信があるなら、上値を買ってくるのが投資家心理

売買の板（175ページ、図表13）を見て、投資家心理の「ホンネ」を見抜くやり方がある。心理的に考えれば「なるほど」と納得できるが、なかなか気づきづらいところだ。

買い板を見て、「下値に買い物が厚い銘柄」は「強い銘柄かどうか」だ。

大型株なら常に下値の買い物は厚いし、上値の売り物も厚い。しかし、中小型株、新興市場株だったらどうか。

ファンドなどが「すでにある程度の予定数まで買いためた。もう少しためてもいい。そして、できる限り安いところを買いたい。そこで下値に買い指し値を入れよう。買えたらラッキー」と、買い指し値を入れているケースもある。これは、それまでの出来高を分析

し、継続的に買われてきたもので、個人投資家よりも機関投資家好みの銘柄なら、ありうる。また、短期で慌てて売りたいという雰囲気が乏しい。調整しても何度も売買したくなる、きちんとした材料がある。そうしたケースの場合、下値に厚い買い指し値が入る板となっていることも多いだろう。

しかし、ひょっとしたら、下げを予兆している板であるケースもあるのだ。とくに個人投資家好みの**中小型材料株、仕手株、新興株の場合、そうした下値に厚い買い板の銘柄は注意したほうがいい**というのが運用のプロだ。

「普通に考えればわかることだ。下値に買い指し値が厚いということは『下げたくない』、つまり『自信がない』からというケースが多い。上がる自信がないから、下値に買い指し値を入れる。上がると思うなら、慌てて上を買ってくる。『買うな』と言っても、儲かると思えば、ストップ高まで買ってくる。それが投資家心理だ」。プロはこう考えている。

■上がるほど買い板が薄くなる傾向がある

別のいい方をすれば、**「上がる銘柄」ほど、買い板は薄くなる**。指し値を入れていたら先に取られてしまうかもしれないと、成り行き買いを入れる投資家が多くなるからだ。

また、逆に、**上値に売り板が厚い銘柄ほど、上がりやすい**ともいえる。

「上がる可能性が高い銘柄に関しては、**上値に売り物があるほうがありがたい**。成り行き買いで値を飛ばすことなく買い付けることができるし、格好の目標にもなる。また、例えば、350円に20万株の売り物があったとする。そこに350円で売り物以上の30万株の買い物を入れる。これを相場的ないい方では、350円に『かんぬきを入れる（決める）』と言うが、これで**投資家は350円がスタート点という心理になり**、351円、352円と上を買いやすくなる」とプロは考えている。

「上がる可能性が高いと見ている銘柄でも、**売り板が薄い場合**がある。そのときは、**上を買ってみることもある**。上を取れば、『どこから売り物が出てくるか』『潜在的な売りがどれだけあるのか』といったものも見えてくる。また、上を取ることで、仮に、値上がり率ランキングの上位に顔を出したとする。そうなると、値動きのよさに注目してデイトレーダーが参戦してくることが多い。そのデイトレ軍団が人気に火をつけてくれて、図らずも、その後、仕手化の道を歩み始めることもある」。プロはそこまで考えている。

これらのことは**出来高の伴っている複数の銘柄の板を見続けて**いれば、わかるようになってくるが、売買の板を巡って、これだけの心理戦がある。

Habit 43

株価、心理の壁である「フシ」を強烈に意識する

■プロは個人投資家の売り買いがこなれるのを待っている

相場のプロは「フシ」を重視する。フシは心理の壁でもある。プロは株価がこの壁を越えてきたら、投資家心理も壁を越えてくることを知っているからだ。

フシとは350円、400円、800円、1000円など、**切りのいい数字**であり、**直近の高値、昨年来高値、年初来高値、上場来高値**、また、週・月足など中長期チャートを見て、**なかなか抜けなかった株価ゾーン**や、第3章の20で取り上げた「上ヒゲ」銘柄もフシといえる。いずれもチャート的なフシであるとともに、心理的なフシともなりうることはおわかりになるだろう。

例えば、株価が切りのいい350円をつけていたとしよう。普通の個人投資家の売買を

見ていると、買う場合は351円、352円に買い指し値を入れ、売る場合は349円、348円に売り指し値を入れる傾向がある。これなら確実に買えるし、売れる。普通の個人投資家なら、これでいい。しかし、**プロの投資家はそうはしない**。

プロの投資家は、普通の個人投資家が351円、352円で買ってくること、349円、348円で売ってくることは最初から読んでいる。そうした売り買いをする投資家は味方にならないので、350円前後で売り買いが交錯しているなら、そのまま売り買いをこなすのを待つ。

売り買いがこなれたときに、フシを意識した買いを入れる。実際は350円買いでも、351円買いでもいい。350円の**フシを抜いて、上値指向に動きが変化したことがわかればいい**。

■フシは心理を動かすアノマリーを生む

350円買い（351円買いでもいい）が、前項で書いた「かんぬき」を入れるほどの買い物が入らなければ、どうだろうか。売り板が10万株だとしたら、買いは10万5000株でいい。**板に少し買いが残る形にする**。

買いを残しておくのは、フシを払う（フシを突破する）意識がある買いが入っていると いう心理効果もあるが、「ここからまだ売りが出てくるのかどうかを確認でき、その売りの多寡を見て、次に買いを入れるタイミングを計れる」という効果もある。相場の世界で生き残る秘訣《ひけつ》は、**ロスカットと資金管理**。管理している資金の動向によって、かんぬきか、買い残しか、もしくは休むか、相場のプロの戦い方はそのときどきに合わせて柔軟に対応している。

また、プロはいう。「フシというのは面白い。すべてがそうというわけではないが、勢いよく200円台に乗せてきた銘柄は300円、300円を超えたら500円、500円を超えたら800円、800円を超えたら1000円、1000円を超えたら1200円をつけることが多い。数字のマジックというか、数字の神様がいるのではないかと思うぐらいだ」と笑う。

これは**「黄金比とフィボナッチ数列」**（本来美しいとされる1対0・618の比率）に似たリズムともいえなくはないが、もちろん、こうしたことはアノマリーだ。

しかし、謎めいた**アノマリーは人間心理を動かす**ことがあることも知っているのがプロだ。だから、**アノマリーを生むフシを重視する。**

Habit 44

板を通して、投資家の動きを読む

■2回以上成り行き買いが入る銘柄は伸びる

運用のプロは、自分と同じような**投資家の息吹を感じる**ことがある。少し専門的になるが、それをシミュレーション的に描いてみよう。

ある銘柄の出来高が膨らんできた。「誰か、この『A銘柄』でお仕事しているな」調べてみると、今の相場の流れに乗っていることがわかった。「自分は見落としていた。このAでお仕事をしている投資家はすごいぞ。なら、自分も負けずに、何かを買おう。この銘柄から連想できる『B銘柄』に買いを入れよう。3万株はため込みたい」

板を見ると、350円に2万株の売りがある。まず1万株を買ってから、次に349円に8000株の買いを入れよう。まだ、350円のフシは払いたくない。どう動くか見てやろう。

350円で1万株を買い、349円に8000株の買いを入れた。しばらくしたら、350円に1万2000株の買いが入ってきた。350円を買って、すぐに買いが入ってきたなら「アルゴリズム（コンピュータによる超高速取引）の買い」だろうが、しばらくしてから入ってきたのと買い株数から見て、これは個人投資家だろう。自分の349円買いの上に、350円買い。**売り株数以上の買いを入れての買い残し。ライバル登場のようだ。自分の買いより上を買ってくる動き**を見るたびに、ライバル登場を感じる。いや、今の時代、もちろんアルゴもライバルだ。

投資家仲間からの電話。B銘柄の話をしたら気に入ってくれた。どうしても買いたいときは指し値買いではなく、成り行き買い。別の知り合いの投資家と一緒に買いたいという。しばらく板を見ていたら、**2回の成り行き買い**が入った。彼らがそれぞれ買ったのだろう。結果的に2回、成り行き買いで買ったとは、さすがに相場を知っていると感心した。

成り行き買いが1回で終わることは多い。問題は**2発目が入るか**だ。2発目の成り行き買いが入るということは、複数の投資家が「どうしても買いたい」という意思を表明しているようなものだ。2発目の成り行き買いが入ってこないと、すかさず売りが出やすいが、2発目の成り行き買いが入る株は、今度は別の投資家の買い意欲をかき立てるようになり、**3発目が入る可能性が高い**。慌てた（どうしても買いたい気持ちが先行した）成り行き買いが複数入ったときは要注意だ。

■スタートした翌日の動きも大切

「実はB銘柄を全部で3万株集めようと買い始めたものだが、3発目の成り行き買いが入ったおかげで、株価が伸びてきた。結局、1万株しか取れなかったが、365円で1万株の売り指し値を入れておいたら、売れてしまった。でも、利食いだから文句はない。また安くなってきたら、3万株目標で買い始めればいい」

株価が伸びて利食いしたその日は**スタート点**となった。**大切なのは翌日の動き**だ。普通は新たに売りが出てくる。前々から持っている投資家の売りだ。もし出来高を伴いながら、前日比で変わらなかったり、あるいは続伸という強い足を見せたら、安くなるのを待つ前にさらに高値に上がりかねないので、前日の売値以上で買い直そう。逆に押したら、350円水準で再度買い戻すことにすればいい。

Habit 45

見える板より見えない板を重視する

■板はトレンドの〝支配権〟を握る戦いの場

板読みは深い。ミステリアスな魅力があり、板読みにはまってしまう個人投資家もいる。しかし、常に正しい板の読み方はない。なぜなら、株式市場は戦場と同じで、千変万化、その局面、その局面で変わるからだ。だから、板読みに執着しすぎると、近視眼的になり、大局観を見失うことがある。個人投資家は**「板は単なる買いと売りが出ている板」**にすぎないと、ドライに見たほうがいい。その上で、相場のプロが板の上で何を考え、どう戦っているかを知る。それで十分だ。あとは経験を積むことでいろいろ見えてくる。

板とは、いわば**フシを巡る買い方と売り方の〝関ヶ原の戦場〟**だ。「43」で「フシは株価、心理の壁であり、プロは強烈に意識している」と書いた。フシとは、切りのいい数字。株価が3桁の銘柄では、大きなフシは100円ごとにくる。例えば200円、300円、400円、500円……。小さなフシは10円ごとにくる。例えば20円、30円、40円、50円……。このほかのフシは直近の高値、昨年来高値、年初来高値、上場来高値、チャートを見てなかなか抜けなかった株価ゾーンなどだ（反対にそれぞれの安値もフシ）。小さなフシは"小さな関ヶ原"で、大きなフシは"大きな関ヶ原"。常にフシの戦いが続いている。

このフシを上に抜ければ買い方が、下に抜ければ売り方がまずはトレンドの"支配権"を握ることができる。ただ、個人投資家は一緒になって戦うことはない。株式投資は卑《ひ》怯《きょう》でいい。**勝てる可能性が高いほうにつけばいい**。

その銘柄のチャートトレンドは上か（相場の流れに乗っているか）下か、移動平均線とのかい離率が大きいか小さいか、売り残・買い残が多いか。それらを総合的に見れば、上か下か、どちらに振れる可能性が高いかを判断できよう。勝つ確率が高いほうにつけばいい。もっと確実に行きたいなら、**どちらかに放れたことを確認してからでも遅くない**。

また、**買い方は信用売り残が多い銘柄、売り方は買い残が多い銘柄**を攻めることも多い。前者は上がればカラ売りの買い戻し（踏み上げ）、後者は下がれば買い方の投げ（損を承知で売却）が出る可能性が高いからだ。

■「目に見える板」の隠された意図を読む

まとまったクロス商い（証券会社が同一銘柄で売りと買いを同数注文し、同時に売買を成立させること）があったり、銘柄によっては、毎日（例えば2時30分過ぎに）まとまった売り（買い）が出ることがあるが、こうした**「目に見える板」は意図的なものが多い。**

もし何かを買い集めたり、何かを売り崩したいなら、誰にも気づかれずに拾い、売り崩していくのがプロだからだ。**気づかせる板を出すのは意図がある。**

ただ、最後にはなんらかの姿が見える――売り抜け、買い戻し場面では出来高が膨らんで誰かが手掛けていると多くの投資家が気づく――ことが多い。しかし、それが仕掛けている筋の最終決済場面なのか、別の筋に手替わりしたのかはわからない。厚い買い板、厚い売り板をさらしているのは、何かの意図があるのかもしれない。厚い買い板＝「拾ってきた株が売れずに困っている」、厚い売り板＝「カラ売りした株を買い戻せずに困っている」というケースもある。ここでも冷静にチャート、かい離率、信用残などを総合的に見て、上下どちらに行く可能性が高いかを判断すればいい。板は「心理戦」の場であり、近視眼的に見すぎると、間違った方向に誘導されかねないことを相場のプロは知っている。

図表13 ある日の任天堂の板

売気配株数	気配値	買気配株数
	成行	
238,800	OVER	
19,800	34,670	
2,000	34,660	
19,000	34,650	
2,800	34,640	
13,800	34,630	
4,100	34,620	
9,900	34,610	
25,900	34,600	
5,200	34,590	
2,000	34,580	
	34,570	
	34,560	800
	34,550	3,300
	34,540	2,100
	34,530	3,500
	34,520	5,800
	34,510	6,800
	34,500	2,500
	34,490	14,100
	34,480	10,400
	34,470	15,400
	UNDER	319,300

← 次は3万5000円のフシを巡る攻防戦が予想される

← 株価に対してどれだけ買いたい（売りたい）人がいるのかわかるのが板

解説

任天堂にとっての“関ヶ原の戦い”は、2010年以来つけていなかった3万円というフシの攻防戦だった。16年には「ポケモンGO」の人気で3万円をつけたものの、その後は2万円台にはね返された。12月には3万円台を一時回復したが、その後は落ち込み、3万円台への挑戦場面はあったものの、なかなかフシを抜けなかった。そして17年5月についに3万円台に乗せ、さらに上値を追う新たなトレンドに入った。

次の大きなフシは急落前の08年の5万円台、その前の6万円台とフシらしいフシはない。果たして、そこまで行くのか。あくまでも「8　トレンドの転換を見極める」で書いたように「上昇（下降）トレンド銘柄は転換するまで上昇（下降）トレンドが続く」ものだから、チャートが転換するまで強気な相場は続くだろう。

Habit 46

素数は鬼門と考え、3の倍数をリズムの基本とする

■素数は投資家心理に響かない

相場のプロの売買は心理戦だと指摘してきた。数字的にはフシを大切にする。フシを抜けば、チャート的にも心理的にも壁を越えたのと同じような効果をもたらすからだ。

一方、プロが嫌う数字がある。それは**1とその数でしか割ることができない数字**だ。例えば7だ。1と7でしか割れない。プロは「7はラッキーセブンではない。アンラッキー7だ」と苦笑いする。1とその数でしか割ることができない数字は、**「素数」**という。例えば、300円台で言えば、「307、311、313、317、331、337、347、349、353、359、367、373、379、383、389、397」がそれだが、プロにとって**素数は鬼門の数**だ。

なぜ、プロが素数を嫌っているかというと、347円買い、349円買い、350円買い、353円買いのどれが投資家心理に響くかを考えていただきたい。やはり、**切りのいい350円買い**だろう。フシの数字は**イメージがわきやすい**。イメージがわきやすいというのは、心理的にも入り込みやすいということだ。素数はどうも心に響かない。中途半端な数字というイメージが強く感じられるからだ。あくまでもアノマリーの世界だといわれれば、その通りだが、なんとなく納得してもらえるのではないだろうか。

だから、プロは「切りのいい数字、直近の高値、昨年来高値、年初来高値、上場来高値、週・月足など中長期チャートを見て、なかなか抜けなかった株価ゾーン」を大切にする（それらの高値が素数の場合、プロはその上の素数ではない**切りのいい数字**を選ぶだろう）。

■6カ月高値期日前後にイベントが演じられることも

相場のプロは、物事のリズムとして**「3の倍数で考える」**習慣がある。ただ、これは理に適っている。日本には3カ月ごとに4つの四季がある。年12カ月は3で割れる。株式の制度信用取引の返済期限は6カ月だ。

私は恒常的に年に4回、株式セミナーを開いている。上場企業の決算は4半期ごと。外国人投資家の中心勢力であるヘッジファンドの解約は年に4回。いずれも3カ月おきだ。

長々ダラダラと物事を追うより、ある時間単位で追ったほうが物事がわかりやすく見える。人間のリズムとしても**3カ月が最もしっくりいくリズム**なのかもしれない。

とくに相場の世界では、**6カ月を重視する**ことが多い。やはり信用取引の信用期日が6カ月ということが大きな要因だ。とくに**高値をつけたあとの6カ月後**がポイントとなる。

高値をつけたときは、信用買い残が膨らむ。買い（現物買いプラス信用買い）が膨らんだから高値をつけるというのは理屈からもわかりやすい。

その高値期日となる6カ月後を迎えようとしているとき、**信用買い残がピークからどれだけ減っているかを見る**。何割も大きく減っていれば、期日売り懸念は乏しく、買い仕掛けが入ることがある。仮に買い残の水準が高くても、買い残の整理が進む高値期日の通過後には、株価は軽くなることが多い。高値期日6カ月明け前後にイベント（何かの買い仕掛け、売り仕掛けが演じられるケース）があることを想定しておけば、いきなり動意づいても（株価が動き始めても）慌てずに対処できるだろう。

Habit 47

相場のプロは目立たないことを心掛けている

■風説の流布をやるのは株を知らない素人

どんな世界でも、変に目立ったら、ろくなことがない。というより、それなりに長く生きてきたからわかるが、**「目立つことばかりを追求している人間」に本物はいない。**

まして、株の世界はおカネが絡むだけに、余計に「目立たないように謙虚に行く」べきだ。「女の嫉妬より、男の嫉妬のほうが怖い」という世界で生きてきて、そのことがよくわかる。私も「身に覚えがないチクリ」など散々やられた。今では慣れたというか、「そうしたことをやった人間は運やツキが落ちるだけだ」と気にしないようになった。

また、嫉妬なら気にしなければいいだけの話だが、証券界を監督する当局の担当者のなかには「株式投資の世界の人たちの多くは悪いことをしているに違いない」との先入観で取り締まろうとしている人もいる。実際、長年、お世話になった投資顧問の社長が、数年前に「株価を変動させる目的で虚偽の情報を流す（風説の流布）」容疑で調べられた。最初から「黒」だという色眼鏡を持っての調査だったようだ。

しかし、どう調べても「黒」の証拠は出なかった。結局は無罪放免となったが、当然のことだ。

なぜなら、相場のプロから見て**「風説の流布」はまったく割が合わない**し、やる必要性は皆無だ。仮にやる人がいたとしたら、株の世界を知らない素人だ。まず、不特定多数の目に情報が触れなくてはならないことから、書き込みなどの証拠が残りやすい。それ以上に、虚偽の情報を流したとしても、「上がるかどうか」はわからない。リスクだけあって、リターンは少ない。

■「相場操縦」でアルゴの取り締まりは必要か

それは「インサイダー情報による売買」でもそうだ。実際、その情報で儲かるかどうかは別の問題だし、これもリスクが大きすぎる。そもそもやってはいけない犯罪だ。

「相場操縦」の場合は、気をつけて売買しても、当局の担当者から「恣意的に調べられるリスク」がないわけではない。もっとも、約定させる意思のない大量の注文を発注し、その後、取り消す、「見せ玉」のような明らかに作為的な行為はまずいだろう。

ただ、①「短時間に株価が急騰（急落）している銘柄を買い上がる（売り崩す）注文を出す」ことは「相場操縦」に当たるのだろうか？　純然たる「相場観」から買い上がる（売り崩す）こともあるだろうし、逆に②「短時間に株価が急騰（急落）している銘柄を逆に売り崩す（買い上がる）注文を出す」という「逆の相場観」もあるだろう。**いずれもリスクを背負ってやる**ものだ。

これを「相場操縦」というなら、①②ともにアルゴリズムや一部のヘッジファンドがやっているという声は多い。そうなのかどうかの調査も含めて、アルゴやヘッジファンドも取り締まるのが法律上の公正な行動だと思うのだが、どうだろうか（改正金融商品取引法成立で一部規制実施は決定した）。

そのアルゴとの戦い方や共存法については、次項で触れる。

ともあれ、株の世界では、目立たず、**謙虚に生きることが、「長く健康に生き残る秘訣」**であることをプロはみんな知っている。

Habit 48

先物ではアルゴリズムと戦わない

■指数先物ではアルゴに勝てる可能性は少ない

相場のプロは日夜、売買の世界で、アルゴリズムと戦っている。アルゴとは大量の金融データから自動的にパターンを読み取り、さまざまな投資戦略を決定するシステムだが、簡単にいえば、プロは**コンピュータと戦っている**わけだ。ＡＩ（人工知能）機能をまとったコンピュータと戦う時代を目前としているが、囲碁、将棋の天才棋士がＡＩに敗れる時代が到来したように、プロの投資家もＡＩに敗北するときがいよいよ来るのか。

現在、アルゴとの戦いの主なフィールドは指数先物と個別株の投資だ。

アルゴとの戦いについて、プロはこう話す。

「先物の戦いでは、人間が勝つケースもある。しかし、継続していけば、トータルでアルゴには勝てないと思う。例えば、先物の板を見て、動きをウオッチしてみるといい（自分で売り買いしてもいい）。板を見れば、売り板も買い板もそれなりに厚い。ところが、そのほとんどの板はアルゴと見られる。アルゴの巣だ。もちろん、1社のアルゴではなく、複数の会社のアルゴだ。そこに人間からの注文が入ると、『ノコノコと獲物があちらからやって来た』とばかりに、アルゴ軍団が攻めてくる。買い注文をしたら、こちらがストップロス（ロスカット）せざるをえない水準まで売り物が襲ってくることがある。売り注文の場合は、逆だ。まさに、毒蛇の巣に落ちたようなものだ」

1990年代に、東証は指数先物売買を導入した。導入前の80年代後半から先物を研究し始めた証券専門紙記者の元同僚は、現在、業界で最も古い先物研究者となっているが、彼がいうには「先物の世界では、**資金規模が大きければ大きいほど、負けない**。ある程度大きな資金を任せてくれるなら、ほぼ間違いなく利益を出す自信がある」とのこと。アルゴと戦っている投資のプロは「先物の世界では資金が大きいほうが勝つ。アルゴで運用しているファンドの資金量はでかい。しかも、**人間よりも早く、瞬間で裁定を組めるアルゴが相手では、人間は勝てない**」と、資金量からも勝てないことを漏らす。

■個別銘柄売買ではアルゴが味方になることもある

結局、先物指数やFXのような「上げ」か「下げ」、「買い」か「売り」の二択の戦いでは、アルゴに勝つのは難しいというのがプロの見立てだ。ただし、個別株の場合、買いを入れて逆に売り叩かれることがないわけではないが、**上昇トレンドが続いている銘柄、底入れ反転と転換してきた銘柄に関しては、こちらが買いを入れると、瞬時に買いが入ってくる**ことが多い。

個別銘柄の売買も「二択」ではあるが、大型株、中小型株、新興株と範囲が広く、流れに乗っている株、流れに乗っていない株と、動きもバラバラだ。どうしても、その**個別銘柄のトレンド**に乗る傾向が強いといえる。必ずしも、アルゴが味方になるとはいえないが、少なくとも**先物指数売買よりは戦いやすい**という声が多い。

ただし、こちらがキーボードを叩いて注文する一瞬先に注文され、約定する動きがあるが、まさか進化したアルゴだろうか。そんなアルゴが相手なら手強すぎて勝てないかもしれない。「アマゾンがアルゴを使って、客が買う前から商品を発送する『投機的出荷』の特許取得」とのニュースが出ていた。アルゴはさらに進化していくだろう。

第7章

株式投資で儲けるルール

Habit 49

自分を捨てて相場の目で見る

■自分が相場になってみる

40年近く株式市場と付き合ってきたが、長く付き合えば付き合うほど、相場は生きていると感じるようになった。しかし、相場には、好き嫌いの感情や、よい悪いといった善悪観はない。上がる、下がる、もみ合うという3つの行動を表現しているだけだ。

失礼ながら、相場見通しを大きく間違える高名な経済評論家の方々も多い。「人のことはいえないだろう」と批判されそうだが、確かに私も間違えることは多い。しかし、謙虚に相場の声を聞こうとしてきたから、間違いは少なくなっていると思う。

相場の声を聞くということは、人（自分）から相場を見るのではなく、**相場から相場を見る**ことだ。つまり、**自分が相場になってみる**のだ。

人から見れば、相場の世界には悲観材料が山積している。いつでも懸念材料がある。そうしたマイナス要因ばかりを取り出していたら、株式投資はできない。私よりも見込み違いが多い人は、プラス材料ではなく、マイナス材料を取り上げて解説するほうがインテリっぽいと勘違いしているのではないかと勘ぐってしまいたくなるほど、マイナス材料がお好きだ。マイナス材料をアカデミックに説明したり、「大暴落」「大恐慌」と銘打った書物が出版されたりしているが、数年に1度、ちょっとした暴落はあるものの、奈落の底まで落ちる大恐慌は訪れていない。いずれも**相場は復活しているのだ**。「上がるために下がり」「下がるために上がる」「上げは下げの要因」「下げは上げの要因」である。

■相場は愚直に変化を織り込もうとするもの

2016年11月の米大統領選でトランプ氏が勝利したときもそうだった。トランプ氏が大統領になったら円高、株安になると警鐘を鳴らしていた評論家が多かった。ヒラリー・クリントン氏とトランプ氏のどちらが選ばれるか、私には五分五分でわからなかったものの、クリントン氏が選ばれたら、今までとあまり変わらず、トランプ氏が選ばれたら、瞬間的なショック安はあるかもしれないが、新しい相場が始まるという見方を私や周囲の人たちはしていた。そう考えたのは、理屈や理論ではなく、単に相場の性格からしたら、そうなる可能性が高く見えたからだ。それは**「相場は変化を栄養分にする」**からだ。

事実上のトップが逮捕された韓国サムスン電子の株価が17年3月に過去最高値をつけたのも、理屈では説明しづらいが、その変化を栄養分にしたから高値を更新したのだろう。

人間と違って、変化に対しての好き嫌いの感情や、よい悪いの善悪論はなく、**相場は素直に変化を織り込み始める**。まして、その前にショック安があり、そこから底入れ反転（誰が見ても「新しいスタートを切ったチャート」）となれば、変化を織り込もうという相場の流れに投資家は乗ろうとし、さらに変化の織り込みの動きは加速することになる。

隣国できな臭い動きがくすぶっているが、具体的な有事が起きた場合、一時的にショック安はあるかもしれないが、**相場はその変化を織り込む動きに入る**だろう。有事はイヤだという感情、有事はまずいという理屈もなく、愚直に変化を織り込もうとするのが相場というものだ。相場のプロは、自分にとってどんなにイヤな変化でも、付き合わなければいけないとわかっている。なぜなら、どんなことが起きようが、相場は変化を栄養分にしているからだ。

図表14 トランプ大統領当選前後の ニューヨークダウの週足チャート

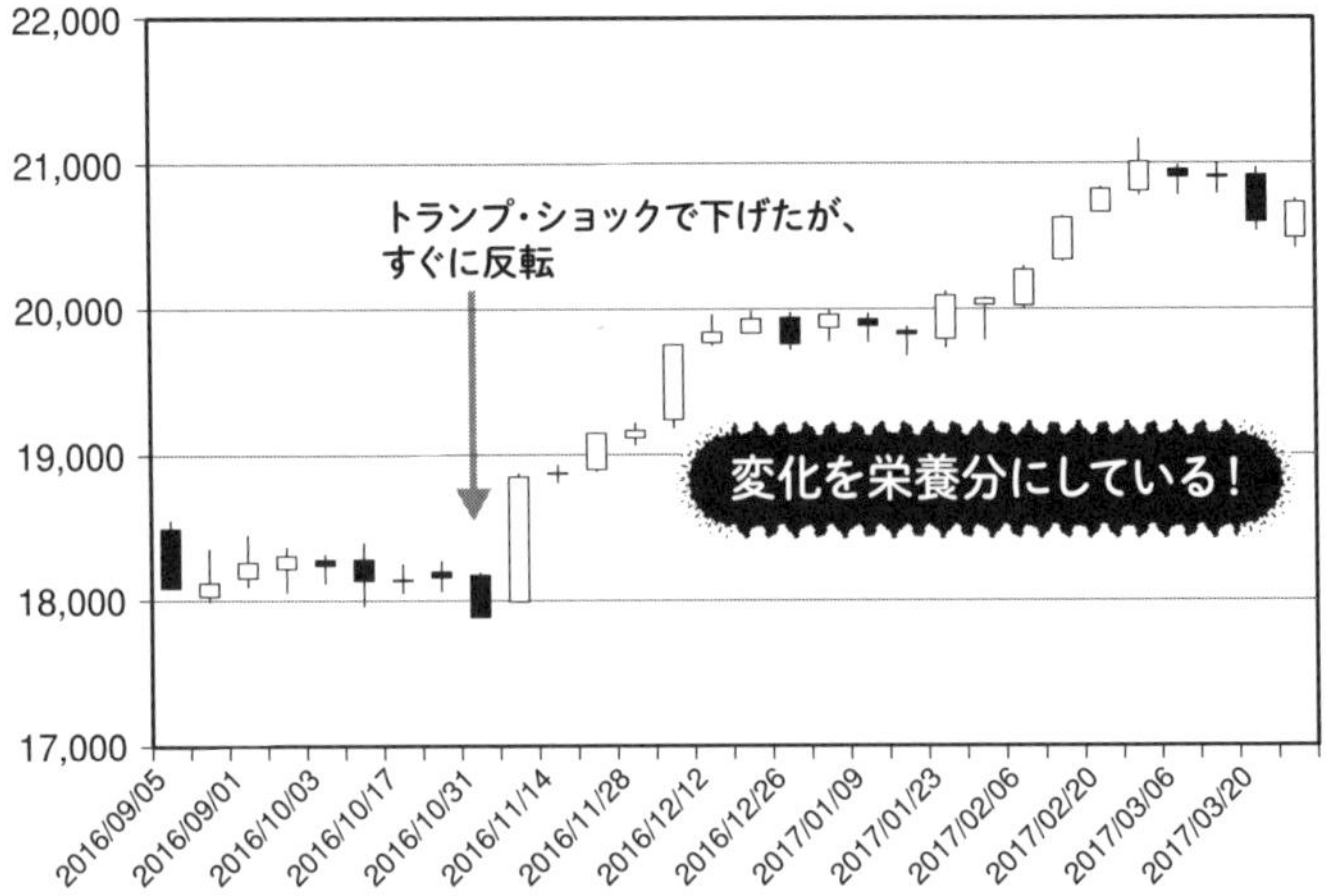

解説

2016年11月、トランプ氏が米国新大統領に決定した。まずはトランプ・ショックで大きく突っ込んだあと、今度は一転してトランプ・ラリー相場に突入した。相場の特質である「ショックはチャンス」「変化は相場の栄養分」を短期で見せてくれた。

Habit 50

歴史から学び、バブルの先を読む

■チューリップの球根価格が3000万円に暴騰

17世紀にオランダで起きたチューリップバブルをご存じだろうか。チューリップの球根価格がバブル化したもので、世界最古のバブルともいわれている。最高ランクとされていた「無窮の皇帝」は首都アムステルダムで小さな家が買えるほどの額（1200ギルダー）がついたとされる。当時の大工の年収が250ギルダーとされており、その5倍の価格だ。ネットで日本人の大工の年収を調べてみると、高給取りの熟練工は別にして、平均では400万~600万円程度のようだ。その5倍となると2000万~3000万円。家ではない。高級車でもない。球根たった1個の値段だ。当然、最後には球根価格は暴落した。

株式市場もバブルが膨らみ、バブルが破裂することの繰り返し。小さなバブルか、大きなバブルかは別にして、それを繰り返してきたのが株式相場だ。

チューリップの売買も株式の売買も人間がやることだ。なんのために人間は売買するのか。それは儲けたいという欲望を満たすためだ。**人間に欲望がなくならない限り、相場はバブルとバブル崩壊を繰り返す**だろう。

それを別の言葉で表現すれば、**「上げ続ける相場はない、下げ続ける相場もない」**。上げ相場で舞い上がる気持ちはわかる。下げ相場が続くと鬱状態になるのもわかる。そうしたとき、この言葉を思い出していただきたい。

また、先にも指摘したがファンダメンタルズが大きく変わっていなくても、相場は上げトレンドから下げトレンドに、逆に下げトレンドから上げトレンドに転換することがある。それが相場というもの。だから、相場はファンダメンタルズよりも株価やチャートなどテクニカルから見たほうがわかりやすいことを再確認していただきたい。

■歴史から学び、ショックはチャンスととらえる

「小さなバブルか大きなバブルかは別にして、それを繰り返してきたのが株式相場」と書いた。バブルの崩壊は相場の行きすぎから起きるが、行きすぎたときに、不思議と危機や

ショックが起こり、相場はリセットされる。そして、下値を固めたあと、再びバブルを起こす相場に発進する。**危機やショックの次にチャンスが訪れる**という繰り返しがおわかりになろう。

ただし、本格的に出動するのは、**底入れ反転を確認してから**でも遅くない。その確認法については、第2章を熟読していただきたい。

また、相場はバブルが膨らみ、バブルが破裂することの繰り返しということは、過去に似た場面が必ずあるということだ。相場の世界で長く生きてきた人のほうが有利な点は、こうした過去の似た相場を参考にして、そのときの相場を分析したり、次の展開を予測できることだ。

人間のやることだ。同じことを繰り返さないまでも、同じようなことを繰り返している。だから、若手の投資家は常に今の相場を覚え、学んでおくといいだろう。いろいろな相場を体験することで、のちに似た場面が来たら、スムーズに対応しやすくなる。相場のプロのように**「歴史（過去の相場）から学ぶ」**大切さもわかってくる。

Habit 51

日本株を支える外国人投資家の動きを知る

■外国人投資家が買ってくれないと上がらない

現在、東証1部の売買代金の過半を握っているのが**外国人投資家**だ。

昔から外国人投資家が牛耳っていたわけではない。1980年代のバブル時代までは、オイルショック→原油価格暴騰の恩恵を享受したオイルマネーが日本株を買ったことはあったが、基本的にほとんど日本人投資家の間だけで回っていた。

そのベースとなっていたのが企業間の株式持ち合いだ。80年代の生損保と上場企業間の持ち合い比率は40～50%程度と見られている。銀行と上場企業間の持ち合いを含めると、約6割が持ち合っていたと推定できる。いずれの株も、株価が上がってもお互いに売らない。つまり、発行済み株式数の過半が流通しておらず、金融緩和によるカネ余りで残りの

4割を取り合った結果、バブル相場となった。

外国人投資家比率が上昇したのは、90年代に入ってからだ。先物取引の導入がきっかけだ。外国人投資家による先物裁定取引の嵐が90年代以降の日本株下落の主要因の1つとされているが、持ち合い株の解消売りが始まったことや、「官製バブルつぶし」の政策など、複合的な要因が絡み合って、長期低迷相場に入ったといえる。

その後、日本の株式市場は「外国人投資家が買ってくれないと上がらないマーケット（とくに東証1部市場）」との色彩が濃くなった。

21世紀以降も、2003年、05年、13年（12年11月がスタート点）に大きな相場が演じられたが、その主役は外国人投資家だった。いずれも約10兆～15兆円の買い越しで、日経平均は約6割上昇した。

買い姿勢を高めた背景は、政策期待である。03年、05年はいずれも小泉政権時だが、03年はりそな銀行を国有化した。それまでの小泉政権の経済政策は、効率が悪い企業はマーケットから退場してもらうという「淘汰政策」を取ってきたが、りそな国有化で「再生政策」に転換したと見て、買いを入れてきたわけだ。

05年は小泉郵政選挙大勝で「構造改革」期待から買いが入った。

13年は経済無策の民主党から自民党に政権交代、さらに「アベノミクス」（異次元の金融緩和、機動的な財政出動、成長戦略の3本の矢）への期待で買われた。

■外国人投資家の買い方は明快

ただ、外国人投資家の売買はけっこう明快でわかりやすい。

「アベノミクスへの期待が盛り上がったとき、『100億円用意したから、なんでもいいから3銘柄買ってほしい』というオファーが入ったので、メガバンク、大手自動車、大手電機を買った」（外資系証券関係者）といっていた。本当にそんなに荒っぽい買い方なのかと聞くと、「日本人だってそうだろう。海外株にそれほど詳しくないはず。買う相手国の担当者に銘柄を任せるのが効率的だ」とのこと。

しかも、**トレンド重視の投資**をする。90年代に売り姿勢を強めたのは、下降トレンド相場と見たからだ。上昇トレンド入りと見たら、上値を買ってくる。だから、彼らが買い姿勢を高めると、03年、05年、13年のように**何割高という大相場になる**。日本人投資家は80年代に少ない株を取り合って相場を上げたのに対し、外国人投資家は上昇トレンドと見たら、素直にトレンドについて買ってくることを相場のプロたちは知っている。

Habit 52

ドルベースの日経平均をよく見る

■プロの運用者はドルベースで見ている

「外国人投資家の売買はけっこう明快でわかりやすい」と書いたとおり、上昇トレンドと見たら上を買い、逆に下降トレンドと見たら、躊躇せずに下まで売ってくる。ただ、外国人投資家の売り買いに、日本の投資家は過剰反応することがある。具体的には、円買い、株売りの裁定取引が入ると、「売り転換したのではないか」と怯《おび》える声が出る。

「日本人が過剰反応してくれたほうが裁定しやすくなるので、過剰反応はありがたいが、ただ、よく見てほしいのは**ドルベースでの日経平均**だ（ネット検索すればすぐ出る）。裁定しても下げそうだから売っているのか、利益確定のために売っているのか。利食いなら、あまりナーバスになる必要はない」とプロの運用者。

一方、新興系、材料株、仕手株好みの個人投資家は、上を買ってくる習性があるが、それ以外の日本の投資家はなかなか上を買ってこない。例えば、年間6兆円のETF購入枠を持っている日本銀行。日銀のサイトに掲載されているETF、J－REITの買い動向を見ると、上値を買うのではなく、安い日に買っていることがわかる。

なお、この日銀のETF買いに対して、「株価形成を歪《ゆが》める」「出口が見えない」などの批判がある。ただ、投資家は仮に「これはまずい」と思っても、批判はしないほうがいい。どんなに理屈に合わないと思っても、「ルール」が決まったら、その**ルールのもとでプレーするしかない**。イヤでも現実を認めて合わせていくしかない。

ただ、2016年1月から米国大統領選挙終了の11月まで、日経平均は1万6000〜1万8000円のもみ合いだった。日銀のETF買いがなかったら、このもみ合いから下放れていた可能性は高い。日本の経済（国民生活）にとってそれがよかったのかどうか。

ともあれ、**決まっているルールに沿ってやるしかない**のがプロだ。

■上げ相場に入るコースを頭に入れたい

03年、05年、13年に大きな相場が演じられ、そのリード役が外国人投資家だと書いたが、上げていく過程に共通項があったことも指摘しておこう。今後も上げ相場はこのコースをたどると見ていい。

まず流れとしては、①株価が低迷するなか、政府に頼らず、自助努力で株安の危機を越えようとする民間の動きが強まる。具体的には、企業は自社株買いやＲＯＥ（株主資本利益率）重視の増配などの施策を講じることで、自社株の価値を高めようとする。

しかし、これだけでは株価は上がらない。ここに②政策転換、あるいは新たな政策実施が加わって初めてマーケットは点火する。③そのスタートランナーは日本市場の売買シェアの過半を握る海外投資家だ。彼らの買いが入り、株価は上がり始める。上がることで、今度は④個人投資家など国内勢が追随買いを入れて、相場は上昇を強めるという流れだ。

相場のプロならこの流れは頭のなかに入っている。

なお、個人投資家の売り越しのニュースが出ることがある。利益確定売りが膨らめば、売り越し額は大きくなる。ＩＰＯ（新規公開株）の売りも、売りに換算される。下げ相場だった場合、売り越し額増加＝個人が投げさせられた可能性が高いが、それ以外の相場なら、儲けの出ている可能性のほうが高く、のちの相場に期待が持てることになる。

Habit 53

政府の株に対する姿勢を重視する

■官製のバブルつぶしが長い低迷相場のきっかけ

以前、政治の劣化が問題になったとき、大手経済研究所の経済部長に「政治の劣化は株安の要因になるのではないか」という趣旨の質問をした。「政治の劣化はどんな時代でもいわれている話。戦後の政治はずっとよかったですか？　悪い期間が多かったと思うけど、株価はずっと上がっていたでしょう」といわれ、なるほどと感心した覚えがある。

戦後、政府は基本的に民間が伸びる環境を提供してきた。例えば、金融界では護送船団方式など、それなりの規制はあったものの、その範囲内なら自由に活動することを容認してきた。株式譲渡益も１９５３年から89年までは原則非課税だった。

ところが、90年代に入って、資産デフレ、逆資産効果の時代に突入した。その時代をもたらした大きな力が、**官製のバブルつぶし**だ。某中央銀行のトップが「株価を半値まで下げてやる」といったとか、いわなかったとか。そんな話も流れてくるくらい、政府・日銀はバブルつぶしに躍起となっているように見えた。しかし、国民資産を勝手にぶっつぶす権利は誰にもない。**行きすぎたバブルなら、自然に調整する**。それは歴史が教えていることであり、経世済民のプロならわかっているはずだ。

ともあれ、その官製のバブルつぶしから20年以上もの間、日本経済はデフレ下に沈み、日経平均も７０００円～２万円を軸にした長いボックス相場に入り込んでしまった。

■株高政策を取る政権は国民を富ませる

21世紀に入ってからは、金融機関の不良債権処理、企業淘汰の時代を超えて、なんとか２００３年、05年には大相場を演じるに至った。いずれも外国人投資家が政策期待から買い上がった相場だ。ところが、09年９月から民主党政権がスタート。当初は新たな構造改革への期待が高まったものの、結局は、経済無策から株価は落ち込み、不幸なことに、東日本大震災も起きたことで、12年12月までさらに「失われた３年」が続いた。

ところが、12年12月に第２次安倍政権がスタートした。異次元の金融緩和、機動的な財政出動、成長戦略を3本の矢とするアベノミクスの発動から、株式市場の風景は一気に晴れ渡った。アベノミクスを支える大きな柱の1つが〝カブノミクス〟（株高政策）。私がこの業界に入って40年近くたつが、安倍政権ほど株価を意識した政権はなかった。日銀のETF買い、NISAスタート、公的年金資金を運用する年金積立金管理運用独立行政法人（GPIF）の株式投資比率の引き上げ（国内外株式各12％を各25％に）などの株式政策を進めてきた。上場企業に対してもROE重視、自社株買い、増配、賃上げの推進など、日本全体で株高支援を要請している。

こうした官製株高政策に対して批判もあるが、リーマン・ショック後の株式の時価総額のボトムは250兆円（月末ベース）だったが、安倍政権復帰後のピークは620兆円、直近では600兆円（17年5月末）。倍増以上に増えた。日本経済にとって250兆円が続けばよかったのか、倍以上の600兆円になったほうがよかったのか、答えは明らかだと思う。

相場のプロは、**政府が株式市場のことをどう見ているか、市場をどう拡大していくかをウォッチし、自らの投資作戦を組み立てている。**

Habit 54

相場のプロは「仮説と実証」を繰り返す

■さまざまな予測をしてみることから始まる

株式投資の世界で生きるには、**予測をすることが不可欠**だ。だから、プロの誰もが最も大切な仕事の1つとして**予測をする**。しかし、予測が曲がっても（外れても）恥じることはない。予測は予測にすぎず、現実ではない。

プロは大きな予測、細かな予測の一環ともなる**「仮説と実証を繰り返す」**ことを心掛けている。難しい設問ではない。いくつか予測の例を挙げよう。

①前日に「明日の日経平均は上がるか」。その日の寄りになったら、昨晩の米国株などの動きを見て、「今日の日経平均は上がるのか」。

②今日はこんな業界ニュースが出ていたが、その業界の銘柄はどう反応するのか。
③この銘柄に、こんなニュースが出ているけど、どんな反応をするのか。連想して買われる銘柄は何か。
④いきなり人気化してきたが、この銘柄は明日も続伸するのか。もしくは、明日は反落するのか。
⑤今週はSQ（先物・オプションの精算日）だが、曜日ごとにどう動くのか。
⑥日銀金融政策決定会合、米FOMC前後の動きはどう動くのか。
⑦全体が暴落したときに、逆行高した銘柄が翌日以降どう動くのか。

まだまだ、いろいろな予測が考えられるだろう。

第5章の項目40で取り上げた日銀金融政策決定会合、米FOMC前後の動きなども、私の知り合いのプロの投資家が行った「仮説と実証」からのものだ。

毎日1回、**「仮説と実証」をしたらどうだろうか**。いや、「仮説と実証」を習慣にしたら、簡単なものを含めれば、1日でも相当量の予測ができる。しかも、「毎日続けていると、意外とゲーム的な面白さも出てくる」というのが「仮説と実証」を提唱している相場のプロたちである。

■間違えたら、現実に合わせて柔軟に修正する

このように細かな予測を繰り返していると、予測の精度も上がってくるはずだ。しかし、**予測を当てることが目的ではない**。いや、当たったほうがいいのだが、相場の世界では間違えてもいい。誰も先のことはわからない。当然、間違えることは何度もある。問題は、**現実に合わせて、予測を柔軟に修正する**こと。これが最も重要なことだ。

この世界にいると、「自分の予測が当たった」と自慢する人がいるが、なんで自慢したがるのだろうか。他人からすごいと思われたいからなのかわからないが、あくまでも仮説と実証、予測は、自分と相場の間の問題にすぎない。他人は関係ない。

予測は相場との対話だ。相場が現実を見せてくれる。**予測が現実と違ったら、相場と対話し直して再度予測する**。仮説と実証、予測は相場との付き合い方の基本の1つだということを相場のプロは知っている。

Habit 55

「初めは質より量」と攻めの姿勢を見せる

■数をこなせば質も上がってくる

「量より質」「質より量」のどちらが大切だろうか。

私の場合、若い頃は、原稿書きも取材もなかなかスムーズにいかなかった。どうも勘所がつかめない。他人が1時間でできることが、2~3時間もかかった。今でも初めてのことはなかなか覚えられない。いわゆる勘が鈍いというやつだ。

ただ、プロの新聞記者の先輩方の多くに同じアドバイスをいただいた。

「とにかく取材しまくれ。取材をすれば原稿も書きまくるしかなくなる」と。

社会人になって初めてやった仕事が営業だったので、人に会って話を聞く取材は次第に慣れてきたが、記事の執筆はなかなかうまくいかず、しょっちゅう書き直しを命じられていた。

しかし、結局、量をこなすことで、なんとか書くことにも慣れてきた。今、400字詰め換算で200枚以上の量をこなしてこの本を書いているとは、記者になった当時の自分からは想像もつかない。

自分の体験から断言できることは、若い頃、**初心者のときは質より量**。最初から質を追求していても質は上がらない。**数をこなすことで質が伴っていく**ものだ。ほとんどすべてのことにいえることではないか。このことはある程度、長く生きてきた方なら賛成してくださるはずだ。**愚鈍に数をこなすことを続けていくことで、グレードはどんどん進化していく。**

相場のプロも「やみくもにトレードを繰り返せといっているのではないが、ある程度、数をこなさないと、株式投資はわからない。場数をこなせば度胸もついてくる」という。

■自分のスタイルを貫き、楽な勝ち方は求めない

それと合わせて**「楽な勝ち方を求めるな」**というのが、相場のプロだ。

ここから書くことは、次項で述べる「自分の限界以上の勝負をかけて負けたら強制的に

退場させられる」と矛盾するかもしれないが、ある程度の資産をつくった投資家は、よく格言で取り上げられる「人の行く裏に道あり花の山」のように、下値不安が乏しい銘柄ばかりを売買してきたわけではないはずだ。

どこかで**実際に勝負をするチャンスがくるかもしれないという覚悟**は持ってもらいたい。それも、**「勝つ確率が高いとき」**に**「負けても致命的な傷を負わない範囲」**での勝負だ。そのためにも、この本で「勝つ確率を高めるノウハウ」を身につけていただきたい。

また、「自分の心地よい投資スタイルを貫くことだ。人からアドバイスをもらうのもいいが、自分に合ったアドバイスなら吸収すればいいし、すんなり入らなかったら捨てる。最終的にイエスかノーを決めるのは自分。ただ、あまり肩に力を入れずに自然体でいけ」というのがプロの投資家である。

株式投資の世界は自由だ。投資家それぞれはルールを守っていれば、どんなに自由気ままにしていても誰からも怒られない。いや、それどころか、相場の神様もニコニコ見守ってくれる世界だ。

Habit 56

「相場の神様は平等だ」と感謝する

■しけの海には漁に出ない、しけがやむまで休む

相場の世界に長くいると、「えっ？　いったい何が起きたんだ」と、いきなり先物に売り仕掛けが入ったり、材料が出ていないのにいきなり個別銘柄に大量の買い物が入ることがある。この世界に慣れていない初心者の投資家から見たら、一見、魑魅魍魎《ちみもうりょう》の世界かもしれない。

ところが、相場の神様は親切だ。なぜなら、ベテランであろうが、初心者であろうが、富裕層であろうが、零細投資家であろうが、誰に対しても平等に株価、チャート、出来高を見せてくれる。しかも、タダでだ。相場のプロは**「相場の神様は平等だ」**と感謝の気持ちを持っている。

場が開いているときなら、いつでも好きなときに売り買いできる。休んでも文句をいわない。私は下げトレンドが鮮明な相場のときは、自分の無料メールマガジンで**「しけの海に漁に出たら遭難しかねない。しけがやむまでお休み」**と書く。しけが長く続くと、漁師は生活不安が出るだけでなく、精神衛生上もよくないが、投資家は「相場のしけ」が長く続いても、生活が不安になったり、精神衛生上、それほどマイナスにはならないだろう。

相場で飯を食っているプロもそうだ。ときには長く休まなければならないときがあることを知っている。本業を持っている個人投資家よりは多少生活不安を感じるだろうが、しけの海に出たら余計にまずいことになるとわかっている。

■株式投資はトータルでプラスにするマネーゲーム

株式投資は「バクチか」と聞かれたら、「そうだ」と答える。世間的にはバクチという言葉自体、マイナスイメージが強いが、私はマイナスイメージでいっているのではない。「将来のわからないことに賭ける」ことを「バクチ」といっているだけだ。人生自体も「バクチ」「賭け」だろう。就職、結婚、起業もそうだし、企業なら設備投資、M&Aもそうだ。誰も先のことはわからない。

だから、当然、株式投資では全勝も打率10割もありえない。株式投資は**トータルでプラスにしていくマネーゲーム**である。楽して手っ取り早く儲けたいからといって、借金して、なおかつ、レバレッジを効かせるなど、自分の限界以上の勝負をかけて負けたら強制的に退場させられる。しかも、9勝1敗でもやられかねない。

やけになって勝負をかけず、自分の実力の範囲内で売り買いしているならば、やられても何度でも敗者復活戦に参加させてくれる。1勝9敗でもトータルでプラスにすることも可能だ。

株式投資をしていると、内外のニュースに敏感になるだけでなく、世の中のいろいろな動きに目が行くようになる。話題も豊富になる。経済、新技術、新製品、財務諸表などの勉強をするようになる。ボケ防止にもなるだろう。

株式セミナーやSNSの参加で投資家仲間ができる。世界が広がる。

こう羅列していくと、**株式投資はいろいろなものをプレゼントしてくれる**ことがわかるだろう。

相場のプロは儲けを追求するだけでなく、**相場の醍醐味を楽しんでいる。**

第8章

プロが大切にしている「相場に勝つ」習慣

Habit 57

相場のプロは「相場格言」も疑う

■鵜呑みにせず、自分の言葉に訳す

相場のプロは**「常識を疑う」「何事も鵜呑みにしない」**という習慣を持っている。

人の意見はきちんと謙虚に聞く。しかし、鵜呑みはせずに、本当にそうなのかと考え、自分の環境やスタイルに合うものを自分なりに消化して吸収する。いったん、自分の言葉に訳す。この「本」もそうだ。「株式投資で勝てる確率を高める有用な書を世に出す」のが本書の目的だが、あくまでも**「叩き台」にすぎない**。書かれている習慣、ノウハウ、考え方、発想などを読者が自分なりに調理して、自分のオリジナリティの料理をつくるための書だ。

私は相場格言集を読み直すことがある。とくに迷ったときに、原点に戻るきっかけともなるので、読み直す。短い文言のなか、大切なものがぎゅっと凝縮されている。しかし、すべてを鵜呑みにするのではなく、「本当にそうなんですか?」と格言と対話している。

例えば、よく使われる株の格言のなかに「人の行く裏に道あり花の山」という言葉がある。みんなが歩いている道の裏に見落とされている道があり、その道には花が満開だ。つまり、投資家の**誰も見ていない銘柄のなかに珠玉株が眠っている**という意味になる。

いっていることはわかる。確かに、投資家の誰も見ていない銘柄、見落とされている銘柄は安値ゾーンに位置しているはずだ。相場の流れに乗っていない銘柄だからだ。しかし、流れに乗っていない銘柄に行くのは、**相場の流れに逆らう**ことだ。いつ買われ始めるかわからないので、投資効率が悪い。

それでも、調べてみて将来有望と判断したら、先にも書いた〝**人質銘柄**〟**候補にすればいい**のではないか。のちに底入れ反転したら(流れに乗り始めたら)買う銘柄候補としてピックアップしておくことだ。

■短期投資家とそれ以外の投資家の利食い作戦にも違いがある

「利食い千人力」もよく使われる格言だ。「捕らぬタヌキの皮算用」では儲けはない。**利**

食って初めて儲けが出るという言葉だ。まさに至言だ。

私はデイトレードの短期売買のできる環境にいる投資家にこうした話をする。「バントヒットでいいからとにかく塁に出ることを考える（少なくてもいいから利食えるものは利食っていく）。細かく安打（儲け）を積み上げていく。そのうち長打が出るようになってくる（大きな利食い銘柄が出てくる）」。「利食い千人力」の繰り返しだ。

しかし、こうした投資ができるのは、短期売買のできる環境にある投資家だけ。昼間、仕事に追われている勤め人には無理だ。「上昇（下降）トレンドが続いている銘柄はそのトレンドが崩れるまで上昇（下降）トレンドが続く」のが相場である。第2章で詳しく説明したが、**長い時間、相場を見ていられない投資家は、上昇トレンドが崩れるまで持ち続けていい**と思う。「利食いを慌てることなく、のんびり25日移動平均線を割ったら、もしくは、13週線を割ったら、指し値売りをネット証券口座に設定しておけばいい」（プロの投資家）。**どんな格言でも自分の環境、スタイルに合った形に応用して修正すればいい。**

Habit 58

プロは「神頼み」をする

■すっきり感と素直な気持ちがわかる感覚

株式投資の世界は、はっきりした「結果」が出る。しかも、何カ月も何年もかからない。短期で答えが出る。「売らなければ現実の損は出ない」といわれるかもしれないが、長期間の塩漬けは明らかに負けであり、論外だ。

まさに株式投資は「現実派の世界」だが、現実派の投資家は意外と**「神頼み」をする。**いや、神にすがって儲けを求めるのではなく、明日のことは誰もわからない。だからこそ、わからないものを敬う気持ちが生じやすい面もあるのだろう。だが、それだけではない。

若い頃から私は、多くの神社仏閣を訪れてきた。信心深いわけではない。昔から散歩が趣味で、スペースが広い神社仏閣が格好の休憩場になるからだ。いつしか、そこの神仏に挨拶《あいさつ》をするようになった。何かをお願いするためではない。**「いつもありがとうございます」と感謝するだけ**だ。陳腐ないい方だが、それだけで心が洗われる。カネ、儲け、利食いなどで心に張りついた**相場の欲望の垢《あか》が流れるようなすっきり感**がある。

また、神仏と話すと、なんとなく自分の素直な気持ちがわかる。相場のプロにとって、神社仏閣を訪れると、それらの感覚を味わえるのが心地いいのだろう。

株式投資に御利益がある神社仏閣については、ネットで「金運　パワースポット」と検索すれば、読者の近所にいくらでも見つけられるはずだ。

私自身はお守りを買うことはほとんどないが、私の知り合いの投資家の間で人気が高く、私にもわざわざお土産としてプレゼントしてくれるのが、**蕪嶋《かぶしま》神社**（青森県）と**新屋《あらや》山《やま》神社**（山梨県）のお守りだ。前者はまさに「かぶ」だし、後者は日本一の金運神社ともいわれる。兜町周辺にも複数の神社があり、今でもときどき散歩して挨拶しているが、金運では日本橋小網町の**小網《こあみ》神社**がある。証券専門紙記者時代、小網神社の隣のビルに通勤していた。昔からの顔なじみの神様だが、当時は訪れる人はまばらだった。しかし今では、ひっきりなしに参拝客が訪れて盛況。なんだかうれしくなる。

■パワーストーンを相棒にしている投資家も

ほかの業界の人たちに比べて、パワーストーンを身につけている人が多い。ひと昔前までだったら、証券業界の会合や講演会などに行くと、金のブレスレット、ネックレスをこれ見よがしに身につけた人たちがいた。どこから見ても、そちらの業界の方だとわかったが、今では法的な締めつけが強化されたことから、そんな姿をしている人は見当たらなくなった。それでも、株式投資だけで生活している人はアウトロー的な雰囲気を持っている。そうした人の手首に巻きついているブレスレットを見ると、**タイガーアイ**、**ルチルクオーツ**が多い。タイガーアイは虎の目＝洞察力＝**勝負に勝つ石**、ルチルクオーツは内部に針状内包物が入っている水晶で、とくに金色の針状内包物はゴールド＝金＝金運との連想が働くため、**金運を高める石**として人気だ。

私は子どもの頃から石集めが趣味で、家族からは異常といわれるほど、多数の原石、丸形の加工品に囲まれて生活している。そんな私のお奨めは、やはり**クオーツ（水晶）**。水晶自体の効果は万能といわれるが、種類が多いのでさまざまな効果も持っている。好みは**ガーデンクオーツ**、クオーツ以外では**マラカイト**。いずれも持っているだけで落ち着く。

Habit 59

他人とは比較をしない

■「成功」した人に共通する習慣

40年近く、証券専門紙記者、経済ライターを続けてきた。その間、相場のプロだけでなく、上場企業の経営者、すなわち経営のプロを含め、多方面のプロへの取材を続けてきた。それだけではない。一緒に飲んだり、遊んだり、プライベートでも付き合いを続けてきた。

これまで、いわゆる成功してきた方々の習慣を書いてきたが、成功といっても、金持ちになった、有名になった、出世したという表面的な成功だけではない。自分なりに充実した人生を送ってきた、今死んでも納得してあの世に行けるといった意味も含んで「成功」という言葉を使っている。もちろん、結果として、相応の財産をつかんだことは間違いない。ここからは、そうした成功した方々に共通する習慣をまとめてみたい。

■株式投資の世界と人生の違いとは

「相場の世界は人生の縮図」といわれることがあるが、実際はちょっと違うところがある。どんな世界でも、成功体験、失敗体験がある。相場の世界では、成功体験を捨てなくてはならないときがある。自分の成功が多い得意なセクターではなく、今まで不得手だったセクターが相場の流れになっていたら、自分の好みではなく、相場の流れに合わせて、不得手だったセクターに行くということだ。

相場の世界は、どちらかというと、**失敗体験のほうが役立つ**。失敗には自分特有の共通した原因があるからだ。例えば、相場の流れより自分の好みを優先するのもそれだし、ロスカットがいつも遅れるのもそれだ。共通の失敗要因を分析し（失敗ノートをつけているプロも多い）、次に備えているのがプロだ。

逆に、**人生の場合は**、失敗体験と同等かそれ以上に、**成功体験のほうが役立つ**と思う。成功体験の蓄積は自分を信じる力（自信）を蓄積する。自分が信じられなければ、他人を信じられない。

株式投資は、自分だけの世界である。相手は相場であり、主役は自分ではなく相場である。だから、**相場に合わせるのが基本**だ。しかし、自分だけの世界である以上、相場＝自分自身が一体化している世界ともいえる。他人の話を聞いたり、株式セミナーに参加しても、あくまでも、それは自らの問題で、基本的に人間関係は介在しない。

一方、人生は人間関係と離れることはできないが、あくまでも主役は自分自身である。他人＝自分自身が一体化することはありえない。他人は他人、自分は自分である。ただ、いずれも「自分自身の生き方・考え方」が反映されるところには共通項がある。

今はそんな飲み会はほとんどないと思うが、昔は仕手筋を含めた腕利き投資家が参加する飲み会がよくあった。そこで「みんなで次にやる銘柄」が決まるのだが、実は、すでに先回りして買っている投資家もいれば、翌日から参戦する投資家もいる。先に売る投資家もいれば、売りが遅れる投資家もいる。その後、「誰が先に買った」「あそこが先に売り抜けたので損失を出した」などといい合いになることもあった。しかし、株式投資の世界は自分と相場だけの世界。**他人がどう動こうと関係ない。自分の行動がすべて**である。**結果もすべて自分だけの問題**である。それは人生も同じだ。

Habit 60

自分のやり方を見つけて、それを続ける

■「外」ではなく、「内」に向かって旅をする

先輩として尊敬していた「靴磨き」兼「画家」の赤平浩一画伯。残念なことだが、2016年に交通事故で亡くなられた。

「三菱村」があるエリート勤め人の聖地、東京駅丸の内北口で家業の靴磨きを50年以上続けられながら、プロの画家として活躍された。家業も自分業（画家）も長年続けられ、人間としての器、技量は私には到底かなわない。

「初めて出会ったときは新入社員だったのに、30〜40年たったら、企業の首脳になった方もたくさんいる。いわゆる出世した方たちの共通項を見ると、『明るい人』『靴をきれいにしている人』が多い。靴をきれいにしているというのは我田引水的に思われるかもしれな

いが、細かなところ、見えづらいところもきれいにするように心掛けている人といい換えてもいい」と、赤平さんはおっしゃられた。エリートサラリーマンの聖地で靴磨きをやっていたからこそ、次のようなこともいえたのだと思う。

「外に向かって旅をする人が多すぎるのではないか。一番大切なのは**自分の内に向かって旅をする**こと。外に向かって旅をすることは、終わりのない旅をしているのと同じことだ」

この言葉を聞いた相場のプロは「人にこう見られたい、有名になりたい、名声を得たい、地位を得たいという、人の顔をうかがった外向きの旅は、上には上があるし、切りがない。人の目や評価など気にせずに、**自分のやりたいことを見つけて続ける**ことのほうがはるかに大切だ。株式投資の世界では、誰もが儲けるためにやっているのだから、**それに全力を尽くせばいい**のに、『当たった』と自慢したり、知識をひけらかす人も多い。常にベクトルは自分に向けたい」と感想を述べていた。

■他人の呪縛から逃れ、自分を取り戻すのがゴール

確かに、業界人の飲み会に出たら、「自分の予想が当たった。○○（ライバル視している知り合い）に勝った」とはしゃいでいる人もいるが、相場は「誰に勝つ、負ける」の世

界ではない。今後も長く続くのだから、勝ち負けの結果はいつまでも出ないし、あくまでも相場は自分だけの世界だ。ただ、ライバル視する人がいたほうが伸びるタイプというなら、それはそれでいいと思う。

また、「あいつはあんなに儲けている。それに引き換え自分はどうだ」と悔しさをむき出しにするプロもいる。他人を見てバネにする人なら、これもこれでいいと思う。

ただし、私は「誰に勝つ、負ける」と他人のことを気にしたり、比較したりするのではなく、**「自分自身で100点満点取ればいい」**という考え方を優先する。もちろん、満点なんて簡単に取れないし、取り続けることは、まず無理だ。しかし、それを求め続けている。

ここでいえるのは、自分で自分のことを決めなさいということ。それがやりやすい方法なら、それを続ければいいのだ。

富士登山にもいろいろなコースはある。いずれも富士山の山頂がゴールであるのと同様に、どんなコースを走っても、**他人の呪縛から逃れ、自分を取り戻すのがゴール**であることをプロはわかっている。

Habit 61

プロは「運やツキ」を大切にする

■悪いことをしても、自分はごまかせない

昔、ある友人が酔っていっていた言葉を拝借してブログに書いたことがある。

「援助交際をやって成功した人はいない。道に落ちていた財布を懐に入れてしまう人に成功した人はいない」

「天知る、地知る、我知る、人（子）知る」「天網恢恢疎《てんもうかいかいそ》にして漏らさず」「天道様はお見通し」という格言もある。

人が見ていないところなら、悪いことをしてもいい。人が見ていないところだから、悪いことをしてもわからない。――でも、誰も見ていないのではなく、天も地も知っている。いや、なによりも自分自身は知っている。自分はごまかせない。だから、人が見ていなく

ても、悪いことはしない。そんな意味の格言だ。

誰も見ていなくても、自分のやった悪事を自分は知っている。そんな自分を尊敬できるか？　自信が持てるか？　自分への尊敬がなく、自信が持てないということは、**運やツキを落とす**ことになる。

株式投資は勝負事だけに、相場のプロは、**運やツキが落ちないためにどうすべきか**を考えている。

相場の世界にいると、ほかの業界以上に、それなりの儲けを手にすることがある。おカネは酒や女性問題をはじめ、いわゆる「悪事」を生むことが多い。そうした運やツキを落とす「悪事」を経験している人が多いから、余計に運やツキの大切さを知っている。年を取るに従って、余計に運やツキを落とさないように心掛けてくる。

株価と同様、運やツキも天井圏に行くと、あとは下がっていく。不思議なことだが、それが自然の摂理であり、天の原理原則というものなのだろう。

相場のプロは、天井圏に位置していると感じたら、運やツキの暴落を防ぐためにも、**今まで以上に謙虚に過ごす**。底値圏に来たと感じたら、転換することを信じて、転換後のために**愚鈍に勉強を続ける**。

ごく当たり前のことだが、相場の世界で生きる秘訣は、人生と同様、シンプルでわかりやすい道を歩くことのようだ。

■自分の心に「したいこと」を聞く

また、相場のプロはこういう。「運やツキが落ちたり、壁にぶち当たったら、**自分の心に耳を澄ませる**ことだ。何をしたいのか？　どうしたいのか？　やりたいこと、好きなことを続ける。**自分の心こそが最強のアンテナ**だ」

もう、そこまでいくと、運やツキのことは忘れている。

損得で道を選ぶのではなく、やりたいこと、好きなことを続けることが、**運やツキを取り戻す最も効果的な処方箋**だと思う。

それは何でもいい。ふらりと旅行に出るのもいい。新しい自分の「友だち銘柄」を10銘柄発掘するのでもいい。体が不調になると、治るための栄養分を体が選んで欲するようになるという。心もそうだ。徹底的に自分の心に問いかければ、**心はしたいことを必ず教えてくれる**。素直にそれをやればいい。

Habit 62

人のためにおカネを使う

■おカネは人のためならず

「情けは人のためならず」ということわざがある。

「情けをかけるのはその人のためにならない」という意味と勘違いしている人が多いらしいが、「人に情けをかけると、巡り巡って結局は自分に戻ってくる」という意味だ。

「情け」を「おカネ」に代えても通用する。

「おカネは人のためならず」。つまり、「おカネを必要にしている人やものに使えば、巡り巡って『おカネ』は自分に戻ってくる」ことになる。

国内外とも金持ちは寄付に積極的だ。税金対策、名声欲しさの方もいるだろうが、「不思議なことに、彼らは、おカネを使うことで、結局、『おカネ』が自分たちに戻ってくることを体験上知っている」（相場のプロ）からだ。

また、「おカネは水にたとえられることがある。水はためた（自分のためだけにためておく）ままだと腐る。川のように流れれ（人のため世のために流せ）ば腐らない」と、相場のプロは語っていた。

前項で「運やツキを大切にする」と書いたが、おカネが喜ぶ使い方をすれば、**自分の運やツキにもプラスに働く**ことも知っているのだろう。いや、なによりも、人もおカネも自分もうれしくなるのが気持ちいいというのが一番の理由なのかもしれない。

■人もおカネも自分もうれしくなるようにする

私自身は金持ちではないが、年を取るにつれて、少しでもおカネが喜んでくれるにはどうしたらいいのかを考えるようになった。仕事のため、運やツキのためというよりも、やはり**人もおカネも自分もうれしくなるのが気持ちいい**というのが最大の動機だ。

日本は災害大国だ。例えば、日本の地震の発生数は世界の約2割といわれている。なんらかの災害が発生したら、自分のできる範囲で義援金を送る。もちろん、海外で天災が襲っても送るようにしている。

個人的な話で恐縮だが、身内に知的障害者がいるので、その関係にもわずかながら募金をさせていただいている。

また、家で犬を飼っている。以前は猫を飼っていた。毎年約10万頭にも及ぶ犬や猫が殺処分されているのは、とても悲しい。

かつて犬の殺処分ワースト1だったのが広島県だ。しかし、2016年にはゼロになった。広島県神石高原町に本部があるNPO法人「ピースウィンズ・ジャパン」の活躍のおかげだ。ピースウィンズにわずかながら毎月寄付をしている。また、ピースウィンズのある神石高原町は「ふるさと納税」でピースウィンズを支援している。

こうした活動は全国的に広がってほしい。猫などにも広がってほしい。

なんでもいい、**人とおカネが喜んでくれるおカネの使い方を考える**ことは有用だと思う。直接、株式投資のスキルにつながらないまでも、同じおカネの世界の話だから、どこかでつながっている。何かを感じるはずだ。もちろん、そうした行動をするもしないも、決めるのは自分だ。

Habit 63

トレードを積み重ねることで成長していく

■縁があって出会った仕事は続けよう

不況が長かったためか、最近は「自分探しの旅」という言葉を聞くことが少なくなった。「自分探しの旅」とは、「自分に合った仕事は絶対にあるはずだ」という考えのもと、いろいろな仕事をするのだが、なかなか「これだ」というものが見つからず、転職を繰り返すこと。結論をいえば、そんなことで「自分に合った仕事」が見つかる確率は1％もないと断言できる。

本当の自分探しは簡単なことである。**縁があって出会った仕事を続ける**ことだ。どんな仕事も根本は同じである。続けることだ。続ければ、スキルも磨かれ、名声はなくても、その世界の「名人」になるかもしれないし、出世するかもしれない。独立・起業するかもしれないし、ヘッドハンティングされるかもしれない。つまり、続けていけば、**チャンスや世界はどんどん広がり、自分の可能性も広がっていく。**

私もふと気づいたら、40年近く、株の世界で生きてきた。1982年に証券専門紙記者で始まり、2000年に経済ライターとして独立した。取材数は短時間のものを含めれば、少なくとも数万件単位になるだろうし、取材対象者も数千人にはなるだろう。書いた記事の数は短いものを入れれば、数万どころではなく、数十万単位となっているだろう。

そうした蓄積があったから、この本を書けている。40年近く続けてこられたから、ここまで400字詰め原稿用紙換算で200枚以上の原稿を書けた。若い頃、作家志望で、実際に「小説」を自費出版で発表したこともある私だが、当時の私にここまでの「長編」は書けない。

まさに、「継続とは力なり」。年を取れば取るほど、身に染みてわかる言葉だ。

■自分の仕事を振り返って「カウント」しよう

誰しも、毎日、仕事に追われて振り返る暇もないのだろうが、ここで振り返って**「自分の仕事」をカウント**してみたらどうだろうか？

例えば、今日、私が買い物でお世話になったスーパー。そのレジの仕事をしていた方の代わりに、レジの仕事に換算してみる。1日7時間。仮に5分に1人のお客を相手にするとして1時間12人。7時間で84人。1カ月20日稼働とすると1680人。年間換算すると2万160人にもなる。半分でも1万人、その半分でも5000人。ものすごい数だ。

また、営業マンの方もカウントしたらどうか。ベテランの営業マンだったら、私の数字どころではない、とんでもない数の名刺交換をしていると思う。

若い方々もカウントしたらいい。「えっ⁉」と思った以上の数になっているはずだ。今後も続けていれば、すごい数になるということはおわかりになるだろう。

投資家も自分の売買の数をカウントしたことがあるだろうか？　デイトレーダーだったら、仮に1日1回、年間200日やったら200回、2回なら400回。10年で2000回、4000回とすごい数になる。あまりバタバタできない一般の投資家だって、1週間に1回、年間52回、10年で520回のトレードだ。これだって半端な数ではない。

相場のプロは続けることで、そのたびに何かを学び、成長を続けている。しかも、**成長のゴールはない**と知っている。さらに続けるからだ。何事も続けること。そう、**習慣とは続けること**だ。

あとがき

40年近く取材人生を送ってきたが、その間に取材させていただいたプロの皆さんのおかげで本書を刊行できた。

ただ、勝利の習慣といえば、時間管理も重要な項目だ。多くの業界では「早寝早起き」が大切な習慣となりそうだが、株式市場で活躍しているプロは「早起き」ではあるが、「早寝」ではなく「遅寝」の人が多い。つまり「遅寝早起き」だ。

寝ているよりも人と会ってしゃべったり、情報交換したりするのが好きな人や、「よく遊び、よく学べ」とばかり、遊びのなかから仕事のヒント、見落としているものを見つける人が多いからだろう。「遅寝早起き」が他の業界にも通用する時間管理の習慣かどうか、判断しづらかったため、本文ではなく、あとがきに書くことにした。

多くの本物のプロ、成功者に出会ってきた。本物のプロ、成功者といっても、有名人になった、出世した、金持ちになったという意味だけではなく、その人なりの充実した人生を送ってきたという意味だ。それらの方々の共通項を見ると、何事も続けてきた人たちだとわかる。続けること、それが習慣だ。

本書では、その習慣をまとめてきたが、さらにいえば、そうした方々は自分に起きている一切のことから逃げない。逃げないというより、どんなことも楽しんで対処しているように見える。

株の世界で勝つ習慣に終わらず、充実した人生を送る習慣に応用されることを祈って、ペンを置かせていただきます。

岡本　昌巳

２０１７年７月

［著者］
岡本昌巳（おかもと・まさみ）
1957年、東京都生まれ。82年に証券専門紙「株式市場新聞」に記者として入社。上場企業担当の経済部、証券会社担当の市場部で18年間、数々のスクープを連発。2000年に経済ライターとして独立。以降、新聞、雑誌、ネットで株情報や投資関係の記事を配信するとともに、継続的に株式セミナーを開催。とくに独自の銘柄発掘能力について高い評価を得ている。株の世界で40年近く活動しているため、幅広い人脈を有する。プロの投資家、仕手筋、ブローカー、投資顧問、証券マン、ストラテジスト、アナリスト、運用者、証券・経済マスコミ、プロの経営者、企業の広報担当・研究所員、学会関係者・大学教授など、多方面の「プロ」と交流があり、さまざまなノウハウやスキルを吸収している。アメーバブログでも情報を配信中（「今日の岡本」http://ameblo.jp/okamoto-blog/）。

40年稼ぎ続ける投資のプロの
株で勝つ習慣

2017年7月20日　第1刷発行

著　者――岡本昌巳
発行所――ダイヤモンド社
〒150-8409　東京都渋谷区神宮前6-12-17
http://www.diamond.co.jp/
電話／03·5778·7234（編集）　03·5778·7240（販売）
装丁――――二ノ宮匡（ニクスインク）
DTP――――荒川典久
製作進行――ダイヤモンド・グラフィック社
印刷――――信毎書籍印刷（本文）・共栄メディア（カバー）
製本――――宮本製本所
編集担当――田口昌輝

ISBN 978-4-478-10327-2